Wenn die Kindheit Schatten wirft…

Beziehungen . Hochsensibilität . Narzissmus

Barbara Egert

Einleitung

Glaubt man den Biografien berühmter Autoren, so hatten die meisten eine wohlbehütete, sonnige Kindheit: der Vater streng aber gerecht, die Mutter einfühlsam und liebevoll. So wünscht man sich seine Eltern; kein Wunder also, dass wir unsere frühen Jahre romantisieren. Es kann und darf einfach nicht sein, dass es anders gewesen sein könnte. Denn wer lebt schon gerne mit einem missglückten Start ins Leben? Die Vorstellung einer heilen Kindheit trägt uns eine ganze Weile. Bei der ersten großen Krise kann es aber nötig sein, unsere Vergangenheit in einem anderen Licht zu sehen: realistischer, näher an der Wirklichkeit. War die Mutter wirklich so, wie wir sie gerne gehabt hätten, war der Vater nicht eher unerträglich als nur streng und gerecht? Wenn es uns gelingt, unliebsame Wahrheiten zu akzeptieren und Idealisierungen aufzugeben, sind wir auf dem besten Weg zu uns selbst.

Ich persönlich glaubte wie viele andere auch, eine völlig normale, sonnige Kindheit gehabt zu haben, bis ein harmloser Streit mit meiner Mutter über eine Einladung zu einem Weihnachtsessen, die ich mit gutem Grund absagen wollte, den Stein ins Rollen brachte. Und dieser Stein rollt noch heute, wenn ich aus einem Traum aufschrecke, in dem ich zu etwas genötigt werde, das mir widerstrebt. Oder wenn jemand meint, über mich verfügen zu können. Kein Wunder also, dass ich diesen Stein näher kennenlernen wollte, um nicht von ihm erdrückt zu werden. Also begann ich, meine Kindheit genauer zu betrachten.

Von Ferne gesehen, etwa aus der Perspektive meiner Geschwister, war alles völlig normal: niemand wurde bei uns misshandelt, keiner wurde geschlagen, von den üblichen Ohrfeigen abgesehen. Doch dann fielen mir Kleinigkeiten ein.

4

Wenn ich krank war, wie verhielt sich meine Mutter da eigentlich? Nahm sie mich in den Arm, tröstete sie mich? Im Gegenteil: „Was hast Du denn jetzt schon wieder?", das war alles. Überhaupt schien ich ihr eher lästig als willkommen zu sein. Wie ich später hörte, schob sie mich, praktisch wie sie war, samt Kinderwagen auf den Balkon: abgeschoben. Und dort begann mein lebenslanges Gefühl der Einsamkeit und die Angst, abgeschoben, verlassen zu werden. Als ich dann noch erfuhr, dass ich nicht nur unerwünscht, sondern gerade eben zwei Abtreibungen entkommen war, war es aus mit der Illusion meiner heilen Kindheit.

Viele haben Ähnliches erlebt. Bei mir kam noch etwas hinzu, das ich mir erst viel später, leider viel zu spät, erklären konnte: meine Hochsensibilität. Ich erinnere mich an einen Geburtstag, laut, ausgelassen, wie Kinder eben so sind, wenn sie feiern. Warum bekam ich, und nur ich, von all dem Lärm rasende Kopfschmerzen und brach in Tränen aus, weil mir alles zuviel wurde? "Was ist denn mit Dir schon wieder los?", war die einzige Reaktion meiner Mutter, die es nicht besser wissen konnte, obwohl ich sicher gehofft habe, wenigstens von ihr verstanden zu werden.

Heute, eigentlich erst seit zwei Jahren, ahne ich, was damals passierte: Reizüberflutung, typisch für Hochsensible. Inzwischen weiß ich mehr über dieses Phänomen, und dass ich zu jenen 20 Prozent gehöre, die sich endlich ihr sonderbares Verhalten nicht nur als Defizit, sondern als Begabung erklären können.

Wenn jener Stein ins Rollen kommt, der uns weismachen will, eine heile Kindheitswelt beschützen zu müssen, kann einem zunächst angst und bange werden. Fragen tauchen auf: Wie waren meine Eltern wirklich? War ich es eigentlich, der sich für einen Beruf, die sexuelle Identität, Vorlieben und Abneigungen entschied oder waren sie es? Bin ich wirklich ich selbst geworden oder immer noch, auch wenn sie längst gestorben sind, nur ein Abbild ihrer Wünsche und Hoffnungen, eine unter den vielen Figuren im Schachspiel ihres Lebens? Werde ich immer mehr wie meine Mutter, mein Vater, obwohl ich mir so sehr wünsche, mit mir selbst identisch zu sein? Wie dominant die inneren Eltern sind, merkt man, wenn jemand sagt, man rede fast schon so wie die eigene Mutter oder wir uns selbst einreden, dieses oder jenes nicht zu schaffen, ohne zu merken, dass das die Abwertung unseres Vaters war. Langsam erst beginnt man zu ahnen, wie selten man sein eigenes Leben lebt, sondern die Eltern einem immer noch zuflüstern, wie man zu leben habe.

Wie wichtig Antworten auf solche Fragen sind, spüren wir bei Angstattacken, Problemen in Beziehungen, in einer Krise oder wenn wir erkranken und ahnen, dass der Schlüssel zu unserer Gesundung in der Kindheit liegen könnte. Dann *müssen* wir uns erinnern und versuchen, sie neu zu interpretieren, alleine oder mit Hilfe eines Therapeuten. Kein Grund zu verzweifeln, eher der Beginn, sich und seine Besonderheit besser zu verstehen und sich endlich von den Schatten der Kindheit zu befreien.

I. Wenn die Kindheit Schatten wirft...

„... doch wohin ich schaue, sehe ich das Gebot, die Eltern zu respektieren, nirgends aber ein Gebot, das Respekt für das Kind verlangt." (Alice Miller: Am Anfang war Erziehung)

Von Geburt an sind wir Erfahrungen ausgesetzt, deren Auswirkungen uns ein Leben lang begleiten, und wir werden von ihnen bestimmt, ob wir sie wahrnehmen oder nicht. Die in der Kindheit entstandenen inneren Konflikte und die daraus resultierenden Probleme haben unterschiedliche Schweregrade. Je nachdem, wie sehr man verwundet und misshandelt wurde, werden einen die Folgen und Auswirkungen später immer wieder heimsuchen und auffällig häufig um einen bestimmten Themenkomplex kreisen. Diese nachhaltigen Leiderfahrungen können nur gelöst werden, wenn man den Mut aufbringt, sich seinen dunklen Seiten zu stellen und um Bewusstwerdung zu kämpfen.

Ich möchte allerdings nicht nur auf die allerdunkelsten Schatten eingehen, die mit sträflichem Missbrauch verbunden sind, sondern auch die helleren Schattierungen aufzeigen, die in fast jeder Eltern-Kind-Beziehung zu finden sind. Sie hassen und verachten Ihre Eltern vielleicht nicht, sind ihnen aber auch nicht in besonders liebevoller Erinnerung verbunden, weil es große Differenzen gab und Verhaltensweisen der Eltern, die Sie so geprägt haben, dass Sie immer wieder in dieselben „Lebensfallen" tappen. Eltern, von denen manche meinten, ihr Bestes gegeben zu haben, aber Scheuklappen für Ihr ursprüngliches Wesen und Ihre Bedürfnisse hatten. Welche unterschiedlichen Aufgaben haben Vater und Mutter? Wie nehmen Töchter und Söhne ihre Eltern wahr? Ein gelungenes Miteinander in der Familie hängt von allen Beteiligten ab, aber zunächst sind die Eltern für die gesunde psychische und physische Entwicklung ihrer Kinder verantwortlich.

In meinem nahen und weiteren Umfeld ist – wenn man genau hinsieht - fast jeder zweite Mensch seelisch verwundet, aber erst wenn die Schwierigkeiten und der Schmerz nicht mehr auszuhalten sind, wird nach Hilfe gerufen. Verwandte - vor allem die Eltern - sind in diesen Fällen weniger geeignet, da sie meistens in die Ursachen der desolaten Befindlichkeit verwickelt sind. Freunde, Psychotherapeuten und Astrologen werden heute viel eher und offener als noch vor Jahrzehnten um Unterstützung gebeten, um Licht in die Schatten der Kindheit zu bringen.

Ein gravierendes Problem besteht darin, dass man zwar ahnt, dass seine Schwierigkeiten mit den Erfahrungen seiner Kindheit verbunden sein könnten, aber einem fehlt die konkrete Erinnerung, oder aber man will sich lieber nicht an die ersten Lebensjahre erinnern. Und wenn man es dann doch wagt, weil die Belastungen zu groß geworden sind, dann fehlen einem viele Bruchstücke, und man kämpft vergebens mit den Gespenstern der Vergangenheit. Ich konnte Einblick in die schmerzhaften Erfahrungen so mancher Kindheit gewinnen, und mir wurde immer verständlicher, dass diese lieber nicht ins Bewusstsein gelassen, sondern verdrängt werden. Es ist die bewusste oder unbewusste Angst davor, der Realität der damaligen Erfahrungen und den Kräften, die heute noch vernichtend oder auch subtil in uns schlummern, nicht gewachsen zu sein. Wahrscheinlich halten wir an der Idealisierung unserer Eltern auch fest, da wir meinen, ohne diese vermeintlich positiven Vater- und Mutter-Bilder nicht überleben zu können.

Die Folge ist, dass wir immer wieder in innere Konflikte und äußere Situationen geraten, die Depressionen, Wut, Beziehungsdramen, Rückzug und diverse psychosomatische

Krankheiten auslösen, sodass wir nicht in der Lage sind, unseren Lebensweg zufrieden, gesund und sinnvoll zu gestalten. Der Sinn eines Lebens ist oftmals erst zu erkennen, wenn wir wissen, warum diese vielen schmerzhaften Umwege und Erfahrungen notwendig waren und die Ursachen bewusst gemacht, erkannt und verarbeitet werden konnten. Aber es geht nicht nur um intellektuelle Bewusstmachung, sondern um die damaligen Emotionen, die nach-*gefühlt* werden sollten, denn: „...*die Erinnerung, welche die damit verbundenen Gefühle heraufbringt, geben Anlass zur Hoffnung auf Bearbeitung der Kindheit und so auf Verheilung der Wunden.*" (Kathrin Asper: Von der Kindheit zum Kind in uns) Meist ist für diesen leidvollen Prozess eine Therapie notwendig, besonders wenn man ahnt, dass man es alleine nicht schafft, vor den inneren dunklen Dämonen zu kapitulieren. Aber dafür müssen wir mit Mut den Widerstand ersetzen, der uns abhält, unsere Kindheit zu erforschen.

„Die meisten Menschen tun genau das Gegenteil. Sie wollen nichts von ihrer Geschichte wissen und wissen daher auch nicht, dass sie im Grunde ständig von ihr bestimmt werden, weil sie in ihrer unaufgelösten, verdrängten Kindheitssituation leben. Sie wissen nicht, dass sie Gefahren fürchten und umgehen, die einst reale Gefahren waren, aber es seit langem nicht mehr sind. Sie werden von unbewussten Erinnerungen sowie von verdrängten Gefühlen und Bedürfnissen getrieben, die oft beinahe alles, was sie tun und lassen, in pervertierter Weise bestimmen, solange sie unbewusst und ungeklärt bleiben." (Alice Miller: Das Drama des begabten Kindes)

Wenn wir aber nun kapitulieren, weil das innere und äußere Erleben unerträglich geworden ist, und wir uns einer psychologischen Therapie unterziehen wollen, dann wartet schon das nächste Problem auf uns: Wie finde ich einen Therapeuten, der mich empathisch begleitet, der die innere Realität meiner Kindheit anerkennt, der nicht das vierte Gebot über meine Gesundung stellt? Ist ihm das Thema der

Hochsensibilität bekannt oder degradiert er mich als viel zu empfindlich? Darüber mehr im Kapitel „Wie sinnvoll sind Therapien?".

Wenn unsere Kindheit Schatten wirft, dann können diese uns noch viele Jahre – meist lebenslänglich – verfolgen. Wir befinden uns in einer tiefen Dunkelheit, wir leiden und wissen nicht warum, dürfen und können nicht so sein, wie wir sind und sein wollen. Unsere Eltern erzeugten, manchmal ohne es zu wissen, eine Dunkelheit, eine Schattenlandschaft in uns, in die wir später, wenn uns bewusst wird, was mit uns geschehen ist, unter größten Anstrengungen Licht bringen müssen.

Schatteneltern

„Schatteneltern" - so bezeichne ich jene Eltern, die auf unser Leben besonders dunkle Schatten werfen - sind ein Schicksal, das uns, aus welchen Gründen auch immer, aufgebürdet und als lebenslängliche Aufgabe mitgegeben wurde. Der psychologische Terminus „Schatten" bezeichnet Wesensanteile, die auch von den Eltern deformiert wurden und die wir verleugnen müssen, sodass sie uns gar nicht bewusst sind. Eltern erzeugen also oftmals nicht nur einen dunklen Schatten in unserer Kindheit, sondern berauben uns auch unseres angeborenen Potenzials, sodass wir vor lauter Verdrängung und Unbewusstheit keine Ahnung von unserem wahren Wesen haben.

Nur eines wissen und fühlen wir: Wir werden so, wie wir sind, nicht geschätzt und geliebt, und schließlich lieben wir uns auch selbst nicht. Da wir meistens sowohl Eltern als auch Kind sind, scheint mir eine Erhellung dieser Problematik doppelt notwendig.

Der „Tatort" Elternhaus begegnet uns in allen sozialen Schichten. In meinen vielen Gesprächen mit Betroffenen kristallisierte sich ein erschreckendes Bild heraus. Es waren nicht nur die kaum zu verarbeitenden traumatischen Erfahrungen durch Gewalt, Inzest und anhaltende Bedrohung, die das Leben und die Entwicklung des Kindes so destruktiv beeinflussten, sondern ebenso die leisen Verletzungen: physische und vor allem psychische Vernachlässigung. Sexueller Missbrauch stellt unzweifelhaft die traumatischste Form einer Misshandlung dar, doch neuere Forschungsergebnisse zeigen, dass emotionaler Missbrauch, also auch Vernachlässigung, und körperlicher Missbrauch ähnlich schwerwiegende Folgen für die Betroffenen haben können.

Aber Eltern sind keine Übermenschen und machen Fehler wie wir alle. Ein seit Stunden nörgelndes, schreiendes und nicht gehorchendes Kind erzeugt Wut, die manchmal schwer beherrschbar ist. Wenn wir unserem Kind einen leichten Klaps geben, wird es sicher nicht traumatisiert, aber dennoch sollten Eltern ihre Kinder niemals schlagen und ihre heftigen Wutimpulse kontrollieren. Wenn uns die Hand dann doch einmal ausgerutscht ist, sollten wir uns entschuldigen und dem Kind erklären, warum das passiert ist und dass es niemals mehr geschehen wird (hoffentlich). Unzulängliche Eltern sind meist nicht wirklich böse, aber durch ihr Fehlverhalten deformierten sie uns, und *wir* sind es, die mit den Folgen leben lernen müssen.

Wenn wir davon ausgehen, dass ein Mensch sich selbst (und andere) lebenslang so behandelt, wie er als Kind behandelt wurde, dann müssen wir uns dringend unsere Kindheitssituation im Spiegel unserer Eltern ansehen. Unser besonderes Augenmerk sollte auf die ursächlichen Probleme von Vater und Mutter gerichtet werden, die damals die familiäre Atmosphäre bestimmten und (manchmal eben auch uns) vergifteten.

Schwierigkeiten innerhalb der Ehe der Eltern haben ungeahnte und meist bleibende Auswirkungen auf die Psyche des Kleinkindes. Es ist erstaunlich, wie oft sich bewahrheitet, dass die ungelösten Probleme der Eltern untereinander im Kind wieder auftauchen. Heute glauben wohl nur noch die wenigsten, dass die kleinen Kinder „nichts mitkriegen" von ihrem Umfeld und der gestörten Atmosphäre, dass sie nicht spüren, welche Wutenergien sie umgeben, manchmal unsichtbar, weil die Eltern ihre Fehden nicht vor dem Kind austragen, aber dennoch ebenso wirksam. Sie können sogar noch gefährlicher sein als offene Auseinandersetzungen, nach denen die Luft wieder rein ist. Hinzu kommt, dass durch die „participation mystique", einer gefühlsmäßig erlebten

Identität, das Kind mit all diesen Emotionen und Gedanken in Form von Energiemustern verbunden wird und ihnen ausgeliefert ist.

„Ein Kind ist so sehr ein Teil der psychologischen Atmosphäre der Eltern, dass geheime und ungelöste Schwierigkeiten seine Gesundheit beträchtlich beeinflussen können. Die ‚participation mystique‘, das heißt die primitive unbewusste Identität, lässt das Kind die Konflikte der Eltern fühlen und daran leiden, als ob sie seine eigenen wären. Es ist sozusagen nie der offene Konflikt oder die sichtbare, Schwierigkeit, welche die vergiftende Wirkung hat, sondern es sind die geheim gehaltenen oder unbewusst gelassenen Schwierigkeiten der Eltern…Dinge, die in der Luft liegen und die das Kind unbewusst fühlt, die niederdrückende Atmosphäre von Befürchtungen und Befangenheit dringen mit giftigen Dämpfen langsam in die Seele des Kindes ein.“ (C.G. Jung: Über die Entwicklung der Persönlichkeit)

Unterdrückte Emotionen und lieblose Verhaltensweisen der Eltern untereinander werden sich meistens auch im Umgang mit dem Kind und besonders in ihm selbst fortsetzen, weil es seinen Zorn und andere Emotionen nicht zeigen darf oder nicht zeigen kann. Wenn Mutter und Vater selbst keinen Zugang zu ihren Gefühlen haben, wissen sie oft nicht, was ein Kind fühlt, denn durch ihre eigenen leidvollen Gefühle in der Kindheit, die sie nicht zulassen durften, sind sie auch später noch von ihrer Gefühlswelt abgeschnitten. Für ein hochsensibles Kind ist die frühkindliche Situation so verfahren und deformierend, dass die gravierenden Folgen lebenslänglich spürbar sein können.

Es gibt so viele dysfunktionale Familien, dass man lange suchen muss, um ein wirklich intaktes Elternhaus zu finden. Eine gestörte Familie zeigt sich unter anderem im Missbrauch von Alkohol und anderen Drogen, in Zwängen (essen, putzen etc.), ständigem Streiten, Gesprächsverweigerung der Eltern untereinander und mit ihren Kindern sowie dogmatischen

Festlegungen (Geld, Religion, Erziehung etc.). Auch wenn die Grenzen des anderen nicht respektiert, die Intimsphäre missachtet, Probleme nicht angesprochen und Gefühle nicht geäußert werden (dürfen), kann man eine Familie als dysfunktional bezeichnen. Wenn die Familienmitglieder ihre Erfahrungen, Bedürfnisse und Gefühle nicht ausdrücken, lernen sie nicht, ihrer eigenen Gefühlswelt zu trauen und schon gar nicht, ein Gespür für die wahren Gefühle eines anderen Menschen zu entwickeln.

Allerdings: *„Auf der ganzen Welt scheint man davon überzeugt zu sein, dass die richtige Erziehung darin bestehen muss, konsequent Scham, Zweifel, Schuld- und Furchtgefühle im Kinde zu erwecken."* (Erik H. Erikson: Identität und Lebenszyklus)

Ob wir als Erwachsene uns nun selbst lieben und schätzen, hängt davon ab, ob unser wahres Wesen früher versteckt werden musste und wir mehr und mehr eine „Als ob"-Persönlichkeit entwickelten, um den Eltern (wenigstens ansatzweise) zu gefallen. In einer Kindheit mit einem emotional kühlen und reservierten Klima ohne liebevolle Anerkennung werden die fehlenden Gefühle oftmals durch Geschenke in Hülle und Fülle ersetzt: Materielle Zuwendungen statt liebevoller Zuneigung. Das alles hat zur Folge, dass wir anderen Menschen nicht spontan und mit offenem Herzen begegnen können, was wiederum zu Gefühlen von Verlassenheit, Leere und Entfremdung in uns selbst führt.

Eltern entdecken in ihren Kindern unweigerlich ihre eigene Kindheit und die oft schwierige Beziehung zu ihren Eltern wieder. Angesichts bestimmter Handlungen, Worte oder Einstellungen ihrer Kinder tauchen sie in die eigene Vergangenheit ein und erinnern sich an die Reaktionen ihrer Eltern. Gefühle von einst werden wach, manchmal nur für den Bruchteil einer Sekunde und deshalb meist unbewusst. Die Schläge, die sie selbst bekamen, verabreichen sie nun ihren Kindern. Dieser Ausbruch, mit dem sie sich abreagieren, verhindert dann, eine einstmals erlebte Demütigung oder Verletzung nochmals zu spüren. Sie lernten von ihren Eltern, dass Gewalt der angemessene Weg sei, Konflikte zu lösen. Um sich selbst zu schützen werden viele Kinder zwar bald vergessen, wie häufig und warum sie geschlagen wurden. Aber später werden sie dasselbe mit Schwächeren tun.

In meinem Umfeld gibt es einen Vater, der früher von seinem eigenen Vater verprügelt wurde und nun selbst sein kleines Kind schlägt. Die Mutter drohte ihm mit dem Rechtsanwalt, wenn er auch nur noch ein Mal dem Kind gegenüber gewalttätig würde. Er begründete seine Maßnahmen damit, dass er früher auch geschlagen worden sei und es ihm nicht geschadet habe. Seine Frau entgegnete ihm: Das glaubst aber nur Du! Sie hat vollkommen recht, denn er ist ein zutiefst gestörter Mensch, der keine Hilfe sucht, weil er seinen eigenen Schwächen und schmerzhaften Erfahrungen gegenüber blind ist.

Über einer Kindheit liegt fast immer ein elterlicher Schatten, aber wir können nicht alle Probleme und Krisen, die uns in unserem Leben begegnen, auf ein Fehlverhalten unserer Eltern zurückführen. In der „Schule des Lebens" *müssen* uns eben Schwierigkeiten begegnen, an denen wir wachsen und reifen sollen, und so sind komplizierte Beziehungen, Krankheiten, Probleme am Arbeitsplatz und anderes mehr eine Aufgabe, die uns herausfordert und eine Lösung abverlangt.

Jedes Kind hat seine individuelle Wesensstruktur und jeweils unterschiedliche Bedürfnisse. Ein sehr sensibles Kind - vor allem ein hochsensibles Kind - braucht vielleicht dringend eine Kuschelmutter mit ganz viel Nähe. Ein Kind mit einer eher unabhängigen Natur fühlt sich eingeengt, wenn die Mutter es zu sehr bemuttert etc. Später hat es als Erwachsener Angst vor Trennung oder vor zu viel Nähe. Wenn wir oft kritisiert wurden, weil die Eltern es nicht besser wussten, ist unser Selbstwertgefühl geschwächt. Manche Eltern sind übervorsichtig und kontrollieren ängstlich die Wachstumsschritte ihrer Kinder, die sich somit nicht frei entfalten können und später selbst ängstlich bleiben. Man kann nun diesen Eltern keinen Mangel an Liebe vorwerfen, aber dennoch tun sie ihren Kindern nichts Gutes.

Eine missglückte Eltern-Kind-Beziehung hat unendlich viele Gesichter. Man ist zwar nicht traumatisiert und hegt auch keine Hassgefühle gegen seine Eltern, und doch erzeugen manche Erinnerungen Wut in einem, und man kann sich immer wieder über bestimmte Verhaltensweisen und Reaktionen seiner Eltern schrecklich aufregen. Wenn ich daran denke, dass ich mich nicht entsinnen kann, von meiner Mutter jemals in den Arm genommen worden zu sein, flammt noch heute ein kurzer „heiliger" Zorn auf, ich fühle mich dann immer noch um die Mutterliebe betrogen. Ich kenne kaum einen, der sich nur positiv an seine Kindheit erinnert. So finden Sie also in den folgenden Kapiteln nicht nur die Dramen einer missglückten Kindheit, sondern auch die leiseren Verletzungen und deren Auswirkungen.

Alles beginnt schon vor der Geburt

In der Erforschung der neun Monate im Mutterleib ist die Wissenschaft zu erstaunlichen Ergebnissen gekommen, auch was die psychische Entwicklung des ungeborenen Kindes angeht und wie bedeutsam die Rolle der Eltern, vor allem natürlich der Mutter, dabei ist. Die vorgeburtlichen Erlebnisse, das Klima der Ehe haben einen großen Einfluss auf unsere spätere Entwicklung, auf unser physisches und psychisches Wohlergehen. Wenn ein Kind freudig erwartet und nach der Geburt von der Mutter nicht getrennt wird, sondern Körper- und Augenkontakt (Bonding) stattfindet, kann sich zwischen Mutter und Kind ein nachhaltiges Zusammengehörigkeitsgefühl entwickeln.

Alle Emotionen und körperliche Belastungen, denen die Mutter während der Schwangerschaft ausgesetzt ist, haben einen weit reichenden Einfluss auf das werdende Kind. Obwohl diese Tatsache bereits recht bekannt ist, kann sich die Mutter oftmals nicht vor schwierigen psychischen und körperlichen Einflüssen schützen, im Gegenteil: Gerade während dieser neun Monate ist sie oftmals extrem schwankenden Stimmungen ausgesetzt. Besonders wichtig ist natürlich auch die Beziehung zu ihrem Partner, dem Vater des Kindes. Wut, Bedrohungen, Depressionen und partnerschaftliche Differenzen teilen sich sofort dem Ungeborenen mit. Bei Angst etwa werden vermehrt Stresshormone ausgeschüttet, auf die der Fötus entsprechend reagiert. Auch starker, anhaltender Stress ist nicht nur für die Mutter, sondern ebenso für den Fötus und dessen spätere Entwicklung als Kind sehr belastend. Bei Depressionen der Mutter während oder gegen Ende der Schwangerschaft hat man physiologische Werte beim Neugeborenen festgestellt, die einen Hinweis auf diese Beeinflussung geben und nachhaltige Auswirkungen haben können.

Eine Mutter, die ihr Kind nach der Geburt ablehnt, vernachlässigt oder sogar misshandelt, wird es während der Schwangerschaft kaum mit liebevollen Gefühlen verwöhnt haben. So muss man davon ausgehen, dass Kinder, die in diese destruktiven Familien hineingeboren werden, im gewissen Sinne bereits „vorprogrammiert" sind. Allerdings können wir daraus keine Regel machen, denn die Prägungen des Fötus sind auch von genetischen Grundlagen und anderem mehr bestimmt. Des Weiteren mag die Schwangerschaft für die eine Mutter eine Katastrophe sein, doch wenn das Kind schließlich auf der Welt ist, könnte sie es dennoch lieben lernen. Während eine Mutter, die sich auf ihr Kind freut, schließlich keine Liebe aufbringen und keine echte Bindung herstellen kann.

Unerwünschte Kinder produzieren weniger Bindungshormone, die für eine liebevolle Mutterbindung zuständig sind. Dieser Mangel an Oxytocin bleibt lebenslänglich erhalten und würde so manche Gefühlsproblematik nicht nur mit der Mutter, sondern später auch mit Partnern erklären. Nicht gewollte Kinder, die man versucht hat abzutreiben, sind den größten Ängsten und Bedrohungen ausgesetzt mit der Folge, dass sie sich später dem Leben gegenüber ängstlich verhalten. Hier können während der Schwangerschaft schon massive Ängste auftauchen, nicht überleben zu können.

Die verdrängte Wahrnehmung des Ungeborenen, die im Körper gespeichert ist und bleibt, heißt: Todesgefahr. Wenn man wie ich später erfahren sollte, dass man unerwünscht war und abgetrieben werden sollte, dann können sich diese Ängste dennoch nach und nach auflösen, denn man weiß ja später, dass man den Absichten seiner Mutter nicht mehr ausgeliefert ist und nicht mehr in tödlicher Gefahr schwebt.

Neben diesen ersten negativen Prägungen lauern noch andere Gefahren für den Fötus: Die Lebensführung der Mutter hat einen großen Einfluss auf das spätere Leben des Kindes. Wenn die Mutter während der Schwangerschaft raucht und Alkohol trinkt, können im Kind schon Programmierungen für Süchte, Neurosen etc. stattfinden. Es wurde außerdem festgestellt, dass die Suchtgefahr des später erwachsenen Kindes um ein Vielfaches steigt, wenn bei der Geburt hohe Dosen von Barbituraten oder Opiaten verwendet wurden.

Nicht zuletzt werden Mütter im Laufe ihrer Schwangerschaft oftmals vor neue Fragen gestellt, die ihre eigenen mütterlichen Aufgaben, Herausforderungen und Vorstellungen davon betreffen. Man denkt zurück an die eigene Kindheit, Kinderrolle und Mutter, und das ist nicht immer beruhigend. Es können diffuse oder sogar konkrete Erinnerungen an ihre eigene Mutter und belastende Erlebnisse auftauchen, die, weil sie in Körper und Seele der Mutter gespeichert sind, Einfluss auf die Beziehung zu ihrem eigenen Kind nehmen. Auch hier ist Bewusstwerdung unerlässlich, damit die Fehler und Misshandlungen der eigenen Eltern nicht wiederholt werden.

Doch jeder macht im Laufe seines Lebens auch die unvergängliche Erfahrung von Verbundenheit und Zugehörigkeit, die – wenngleich verschüttet – darauf wartet, von uns wieder geweckt zu werden.
„Sie ist deshalb tief in jedem Menschen verankert, und sie kann daher, wann immer es einem solchen enttäuschten Menschen in seinem späteren Leben gelingt, wieder jemanden zu finden, der sich ihm zuwendet, auch wieder wachgerufen werden. Deshalb steckt in jeder Begegnung mit einem anderen Menschen die Chance, sich selbst wiederzufinden." (Gerald Hüther: Das Geheimnis der ersten neun Jahre)

„Deine Mutter – Dein Schicksal"?

Das Zitat von C.G. Jung bewahrheitet sich immer wieder, wenn auch nicht für jede problematische Beziehung. Wir wissen, dass eine gute Mutterbeziehung uns Urvertrauen schenkt, ein Gefühl des Sich-Verlassen-Dürfens, des Zutrauens zunächst in die Mutter, also in das Leben schlechthin, und später in uns selbst. Jedes Kind - ja, jede Kreatur - hat das natürliche Bedürfnis, sich positiv von der Mutter gespiegelt zu sehen, Geborgenheit und Sicherheit zu fühlen. Diese Erfahrungen mit der Mutter prägen immer auch unsere späteren Beziehungsmuster, unser Verhalten zu Freunden und Partnern.

Zu den Grundbestandteilen einer guten Beziehung zwischen Mutter und Kind gehören also Gefühle der Sicherheit und Geborgenheit, weil sie die notwendige Basis für einen positiven Lebensweg bedeuten. Körperliche und emotionale Nähe vermitteln uns die Wärme des Angekommen- und Angenommenseins, und wenn die Mutter späterhin so klug ist, uns eine gewisse Autonomie zuzugestehen und die Balance zwischen Nähe und Freiheit zu halten, gibt sie uns Mut und Selbstvertrauen mit auf den Weg.

Besonders wichtig ist mütterliche Empathie, eine ausgeprägte Einfühlsamkeit, mit der sie die Gefühle des Kindes erahnen, verstehen und spiegeln kann. Wenn wir als Kinder einfühlendes Verstehen erfahren, dann fühlen wir uns akzeptiert, geborgen und lernen, unseren Gefühlen zu vertrauen. Empathische Reaktionen der Mutter wirken in uns fort und ermöglichen uns später als Erwachsene, selber empathisch, verständnis- und liebevoll auf andere Menschen zuzugehen. Besonders für hochsensible Kinder ist solch eine Mutter ein Segen, aber trotz aller guten Vorsätze und Bemühungen kann es sein, dass sie von ihrer Veranlagung her dazu nicht in der Lage ist.

Die erste Beziehung unseres Lebens, nämlich die zu unserer Mutter, hat deshalb einen so prägenden Einfluss auf unsere Entwicklung, da sie für die Erfüllung unserer grundlegenden Bedürfnisse von größter Bedeutung ist. Durch ihr Verhalten, ihre Liebe oder fehlenden Gefühle bildet sie die emotionale Grundlage für unsere spätere Kontakt- und Beziehungsfähigkeit, für Selbstakzeptanz und Vertrauen in das Leben und unsere Mitmenschen. Fühlten wir uns fürsorglich und liebevoll behandelt, vernachlässigt, traumatisiert oder wurden wir mit Eigenschaften der Mutter konfrontiert, die so gar nicht zu unseren Bedürfnissen zu passen scheinen? Wichtige Fragen, die beantwortet werden wollen.

Aus einer geglückten Mutter-Beziehung erhalten wir den Glauben an uns, die so wichtige Selbstliebe, Selbstwert und den Mut, dem Leben mit echten Gefühlen und voller Vertrauen zu begegnen und es zu genießen. Kinder brauchen Wärme und Liebe, die sich in späteren Beziehungen dann widerspiegelt. Das Gefühl, wir selbst sein zu dürfen mit allen Eigenschaften, auch den nicht so akzeptablen, und dass wir um unserer selbst willen geliebt werden, ist der Grundstein für unsere eigene Wertschätzung und Liebesfähigkeit.

Der mütterliche Schatten

Wenn über unserer Kindheit ein mütterlicher Schatten lag, fühlen wir uns später nicht angenommen und aufgehoben. Unsere Liebe ist dann mit Schmerz, Zurückweisung und Kühle verbunden, sodass wir schließlich davon überzeugt sind, kein Recht auf Zuneigung und Zuwendung zu haben. Auch wenn wir als Kind immer wieder enttäuscht wurden, statt Liebe und Freude zu erfahren, Gebote, Verbote und Pflichterfüllung im Vordergrund standen, erwarten wir auch später noch, dass sich unsere Wünsche nicht erfüllen werden, wenn wir diesen frühen Geboten entsprechen. Also ziehen wir uns zurück, weil wir den Schmerz von einst nicht mehr fühlen wollen. All diese Befürchtungen und Erwartungen belasten nicht nur unsere Gefühlsnatur, sondern beeinflussen fatal eben auch unsere Beziehungen, zumindest die auf einer intimeren Ebene.

Hätten wir ein grundlegendes Vertrauen ins Leben entwickeln können, müssten wir später nicht dieses Ur-Misstrauen mit uns herumtragen. Bei allem, was gefühlig werden könnte, gehen wir auf Distanz. Durch unsere emotionale Verkapselung, einer Schutz- und Abwehrhaltung gegen die – so meinen wir – mit Sicherheit uns überflutenden Schmerzen, entfremden wir uns von unseren Gefühlen und sind von unseren Wurzeln abgeschnitten. Wir wollen uns emotional geborgen und zugehörig fühlen, aber wir isolieren uns und weisen andere in ihrem Bemühen, uns näher zu kommen, zurück: Das, was wir selbst früher erfahren haben, geben wir später weiter, ja, strahlen es geradezu aus.

Wenn wir als Kinder einst nicht ausreichend geliebt wurden, empfinden wir später ein großes Loch, eine Leere in uns. Oft fallen wir als Erwachsene in einen dunklen Abgrund, ohne zu wissen, warum wir uns so desolat und ungeliebt fühlen, wo es doch Freunde und Freundinnen gibt, die uns soviel Zuneigung entgegen bringen. Aber es ist eben nicht die Liebe der Mutter! Wir haben nur diese *eine* Mutter in unserem Leben, und wenn wir deren Liebe nicht erfahren haben, fühlen wir uns betrogen und nicht liebens-wert. Denn wenn wir es wären, hätte uns unsere Mutter geliebt (vielleicht *hat* sie uns ja geliebt, aber wir haben es nicht ge*fühlt*). Aus diesem ganzen Gefühlschaos entwickeln sich nicht selten Depressionen, verbunden mit starken Angstgefühlen, und hier liegt der Beginn unserer narzisstischen Verwundung, der schmerzhaften Störung unseres Selbstwertgefühls, der Liebe zu uns selbst.

Auch ruht in uns als Kind latent die Angst, dass die Mutter uns verlassen könnte, uns fehlt das für ein Kind so wichtige Vertrauen. Durch all diese gespeicherten frühkindlichen Erinnerungen werden wir in Situationen, bei denen unser Stabilitätsgefüge ins Wanken kommt, unsere Sicherheit bedroht erscheint, Angst bekommen.

Die Fähigkeit zur Empathie ist uns zwar angeboren, wenn allerdings unsere Gefühle in den ersten Lebensjahren nicht gespiegelt wurden, wenn wir die Einfühlung der Eltern nicht erfahren haben, dann bleibt uns zunächst – oder ohne entsprechendes Bemühen für immer – der Zugang zu unseren Gefühlen verschlossen und die positiven Anlagen verkümmern.

Das erklärt auch, wieso empathische Menschen so selten anzutreffen sind. Besonders betroffen sind hier die hochsensiblen Kinder, die ihre schönen Anlagen der hohen Empfindsamkeit, Einfühlung und sensitiven Wahrnehmung verstecken müssen, um nicht ständig gehänselt und missverstanden zu werden.

Wie viele Anstrengungen, fast schon Verzweiflungstaten, werden unternommen, um geliebt zu werden: Geschenke, die über unser Budget hinausgehen, Leistungen, die uns an den

Rand unserer Kräfte bringen, gemeinsame Reisen, die uns eigentlich ein Gräuel sind, von der Mutter aber gewünscht wurden, und vieles andere mehr. Wenn ich das und das bewältige, schenke, für sie tue, dann wird sie mich lieben. Im besten Falle erhalten wir Anerkennung oder ein bisschen Dankbarkeit, aber dieses einmalige Gefühl, dass wir selbst und nur wir und nicht unsere Leistung, unsere Geschenke gemeint sind, bleibt uns vorenthalten.

Ist die Mutter immer Schuld?

Die nachfolgenden Überlegungen sollen die eklatanten Fehl- und Misshandlungen manch einer Mutter nicht beschönigen oder entschuldigen, dennoch halte ich es für angebracht, sich auch einmal in die Situation einer Mutter hineinzuversetzen:

Sicher können wir ihr ausnahmslos die Schuld an *allen* Versäumnissen und Problemen geben. Warum aber, wenn etwas schiefläuft, sie an allem Schuld sein soll, ist für die Frauen, die meinen, ihr Bestes gegeben zu haben, natürlich deprimierend. Es wird im Allgemeinen nicht ausreichend beachtet, dass junge Frauen aus diversen Gründen überfordert waren, selbst mit Problemen zu kämpfen hatten und oftmals auch nicht mehr Liebe geben konnten, weil ihre eigene Kindheit durch mangelnde Bemutterung lieb- und freudlos war. Vor allem ältere Generationen, die viel autoritärer erzogen wurden und wo die „schwarze Pädagogik" gang und gäbe war, haben – leider unreflektiert - das fortgesetzt, was sie selbst erfahren haben, und psychologische Ratgeber waren damals noch eine Seltenheit.

Völlig unbekannt war die Veranlagung zur Hochsensibilität, und so wurde eine beispielsweise hochsensible Mutter von ihrer eigenen Mutter nicht verstanden und so akzeptiert wie sie war. Die Folge ist, dass sie dann auch nicht mit ihrem hochsensiblen und etwas komplizierten, ja, sogar „zickigen" Kind umgehen kann. Auch dann, wenn sie es in der Erziehung ihrer Kinder besser machen will als ihre eigene Mutter, es wird nur selten gelingen.

Eine Mutter ist schnell überfordert: Durch das Kind, durch sich selbst als noch nicht ausgereifter Mensch und durch Spannungen in der Ehe oder wenn sie allein erziehend ist. Wenn zum Zeitpunkt der Geburt die Situation der Eltern - auch unverschuldet - problematisch war (Krankheit, Verlust des Arbeitsplatzes etc.), bedeutet das für das Kind eine schwere spätere Belastung. Hinzu kommt, dass jedes Kind unterschiedliche Bedürfnisse hat, die auch von einer sehr gutwilligen Mutter einfach nicht alle erfüllt werden können. Stellen wir uns eine Mutter vor, die ihr Kind zwar liebt, aber eben auf eine etwas distanzierte und unstete Art. Nun braucht das Kind aber empathische Zuwendung und innige Nähe, es verlangt nach Symbiose. Wer ist "schuld", wenn diese Beziehung scheitert? Warum hat dieses Kind solch eine gegensätzliche Mutter bekommen und vice versa?

Es ist bekannt, dass jedes Kind seine Eltern anders wahrnimmt, das heißt, das eigene Temperament und die ureigensten Bedürfnisse haben einen großen Einfluss auf eine geglückte oder misslungene Mutterbeziehung. Ich kenne Familien mit mehreren Kindern, und habe selbst noch vier ältere Geschwister, deren Sichtweisen und Schilderungen des mütterlichen Bildes doch weit auseinander gehen. Da wir die Wahrnehmung unserer mutterspezifischen Eigenschaften projizieren, müssen wir also versuchen, dieses subjektive Bild in uns auszublenden oder zu wandeln und eine realistische Sichtweise der mütterlichen Eigenschaften in uns zu aktivieren – nur so hat die reale Mutter eine Chance.

Viele Mütter fühlen sich andererseits wegen ihrer fehlenden Gefühle dem Kind gegenüber schuldig, denn sie können dem eigenen Anspruch einer selbstlos liebenden Mutter nicht genügen. Eine werdende Mutter ist eben nicht zwangsläufig eine liebende Mutter, und auch nach der Geburt kann sie dieses Gefühl nicht erzwingen. Sie sollte sich aber im Klaren darüber sein, dass das Kind ihre fehlenden Gefühle und Empathie spürt, die in ihm eine gerechte Wut auslösen. So wie die Mutter das Recht hat, ihr Kind – aus welchen Gründen auch immer – abzulehnen, ebenso hat das Kind ein Recht auf seine Wut, abgelehnt oder unerwünscht

26

zu sein, die von der Mutter gesehen und verstanden werden sollte. Wie belastend auch immer die Situation der Mutter, der Eltern sein mag: Wer sein Kind misshandelt, schädigt es zutiefst. Eine paradoxe Situation: Man selbst ist schuld, aber noch schuldiger fühlt sich das Kind. Tatsache ist und bleibt: Gewalt an Kindern ist grober Missbrauch und eine Straftat, die durch nichts zu entschuldigen ist.

Mütter und Töchter

Wir Töchter tragen die eine Sehnsucht in uns - auch wenn wir sie zeitweilig heftig leugnen -, von unserer Mutter geliebt zu werden. Auch möchten wir in unserer Gesamtheit gemocht und wahrgenommen werden. Wir wünschen uns, dass die Mutter unsere Fehler verständnisvoll akzeptiert oder zumindest toleriert, uns unseren Weg gehen lässt mit all den Umwegen, die dazu gehören. Sie sollte uns die Freiheit lassen, selbstständig zu handeln und zu entscheiden, aber auch immer für uns da sein, wenn wir Schutz und Hilfe brauchen. Kurz: Unser Traum ist die Ideal-Mutter.

Die kulturellen Klischees, wie eine Mutter zu sein hat, ändern sich kaum. Sie entsprechen auch heute noch mehr oder weniger den Erwartungen der meisten Töchter. Aber auch die Mutter-Ideologie erlegt den Müttern auf, vor lauter Liebe und Fürsorge nur noch glücklich in das Antlitz des geliebten Kindes zu blicken, ob es sie schon seit Stunden nachts wach hält, selten gehorcht oder wie eine Nervensäge schreit. Dass diese idealisierten Erwartungen kaum zu erfüllen sind, auch nicht von der besten aller Mütter, begreifen die verletzten Töchter eventuell erst spät, manchmal zu spät, und dann sind die Kluft und Abneigung bereits unüberbrückbar.

Wenn Mütter den Forderungen ihrer Töchter „Sei die Mutter, die ich brauche, nicht die Mutter, die Du bist" nachkämen, dann gäbe es sicherlich kaum Schwierigkeiten in ihren Beziehungen, aber auch weniger Chancen zum Wachstum – für beide. Die Klagen der Töchter beginnen meistens mit: „Wenn sie doch nur... wäre/hätte", und dann folgen unendlich viele Wünsche, die sich je nach Alter der Töchter ändern und immer noch und immer wieder die Hoffnung beinhalten, dass ihr Verhältnis zu ihrer Mutter doch liebevoller oder endlich so vollkommen werden möge, wie sie sich diese einmalige Beziehung gedacht hatten.

Heutzutage ist das Verhältnis zwischen Müttern und Töchtern weitaus lebendiger und offener, als wir es von unseren Großmüttern zu unseren Müttern kennen, aber Tatsache war und ist, dass die Mutter eine Autorität für die Tochter ist und zum Leidwesen der Tochter noch allzu lange all-mächtig bleibt, wodurch sie einen enormen Druck ausüben kann. Aber auch viele Mütter können sich nicht von ihren Töchtern lösen, da helfen auch die Pubertät der Tochter und alle Bemühungen, sich so schrecklich wie eben möglich zu verhalten, nicht. Als ich mit 16 Jahren in meine Juliette-Gréco-Phase kam, nur noch schwarz gewandet herumlief, lautstark französische Chansons hörte und hustend versuchte, Gauloise zu paffen, konnte nur mein Vater ein Machtwort sprechen, meine Mutter war für mich nicht mehr maßgeblich.

Der in der Pubertät notwendige Ablösungsprozess kann zwar von der Tochter mehr oder weniger vollzogen worden sein, aber die Mutter hält weiter fest, und dann beginnen die nervenden Kämpfe und Probleme, die bis zu einer endgültigen äußeren Trennung führen können. Die innere Trennung, so scheint es jedenfalls, ist kaum möglich, denn die Emotionen, die noch nach Jahren ausbrechen, wenn das Gespräch auf Mutter oder Tochter kommt, bezeugen die Intensität der inneren Bindung.

In einer Untersuchung, in der 60 Frauen befragt wurden: "Wolltest Du werden wie Deine Mutter oder ganz anders?" antworteten 58 Frauen eindeutig: „Anders, ganz anders, bloß nicht wie meine Mutter". Bei manchen Frauen zeigt sich diese Ablehnung dann in etwas abwegigem Verhalten, das ihrem eigenen Naturell gar nicht entspricht. Sie lebten nun das exakte Gegenteil ihrer Mutter und damit gegen ihr eigenes Wesen. Diese Oppositionshaltung kann sich in sehr vielen

Eigentümlichkeiten und Eigenarten zeigen, jedoch ist eines sicher, solange sich die Tochter so konträr verhält, hat die Mutter sie noch fest im Griff.

Wir mussten als Kinder glauben, dass unsere Mutter vollkommen und immer für uns da ist, weil wir damals von ihr abhängig waren und sie eben die Welt, das Leben schlechthin für uns bedeutete. Sogar misshandelte oder abgelehnte Kinder rufen und sehnen sich immer noch nach ihrer Mutter, weil der tiefe Wunsch oder die Illusion, eine liebende Mutter gehabt zu haben, übergroß und (über-) lebenswichtig ist. *„Es ist besser, wenn wir als Kinder so früh wie möglich lernen, dass Mutter uns zwar liebt, aber nicht ausschließlich."* Und: *„Der Mythos, dass Mütter ihre Kinder immer lieben, ist so beherrschend, dass selbst eine Tochter, die zu einem gewissen Zeitpunkt zugeben muss, dass sie ihre Mutter nicht mag, nichts als positive Empfindungen gegenüber ihren Kindern äußern wird."* (Nancy Friday: Wie meine Mutter)

Abgesehen von den drastischen missbräuchlichen Verhaltensweisen der Mütter erscheinen viele Beziehungen zwischen Töchtern und Müttern nicht durchweg schlecht oder problematisch, bei genauerem Hinsehen jedoch sind sie aber eben doch ziemlich kompliziert und von zuweilen chaotischer Struktur. Die emotionale Bindung zwischen Müttern und Töchtern ist sehr stark, und Mutterliebe und Mutterhass liegen manchmal nahe beieinander. Nur kann man über letzteres nicht sprechen, da es meist an Frevel grenzt, die Frau, die uns das Leben geschenkt hat, so total abzulehnen.

Mütter und Töchter sind eben auf besondere Weise miteinander verbunden, denn durch diese primäre Beziehung bildet sich das Ich-Gefühl, die Identität einer Tochter, einer Frau, ihr Selbst-Verständnis von Gefühlen und der Bedeutung, eine Frau zu sein, was den weiblichen Körper und die Sexualität mit einschließt. Was wir von unserer Mutter erwarten und erhoffen, ist von jener kaum zu erfüllen, aber sie ist nun mal der einzige Mensch, an den wir all unsere Wünsche richten können, und außerdem sind wir in der Kindheit davon überzeugt, dass sie alles kann, wenn sie nur will.

Bei einer Tochter äußert sich ein negativer Mutterkomplex unter anderem darin, dass sie um keinen Preis wie ihre Mutter sein will, alles – nur nicht wie die Mutter. *„Das Verblüffende an diesem Phänomen ist die Tiefe der Angst und der eingewurzelte Glaube an die negative Macht der Mutter, die für so groß gehalten wird, dass, wenn die Tochter auch nur im geringsten wie ihre Mutter ist, diese Macht sich wieder einstellt und auf andere die gleiche Wirkung hat, wie sie auf die Tochter hatte – so glaubt die Tochter jedenfalls."* (Kathie Carlson: Nicht wie meine Mutter)

Ihr Unbewusstes ist vergiftet durch die verinnerlichten Eigenschaften der Mutter, die eine ungewollte Bindung erzeugen und sie oft genug in dunkle Tiefen ziehen. Das ist auch einer der Gründe, warum Töchter sehr früh heiraten. Sie realisieren allerdings nicht, dass damit die Mutterbindung nicht gelöst, die Fixierung an sie nicht gelöscht wird. Ein negativer Mutterkomplex kann später durch eine Episode, das Verhalten eines anderen Menschen oder einen Traum etc. aktiviert werden. Alle mit diesem Komplex verbundenen verschütteten Emotionen überfallen sie und lassen sie so heftig reagieren, dass sie selbst und ihr Umfeld erschrocken sind. Und sie dachten, sie hätten die Mutterproblematik überstanden…Weit gefehlt, sie war nur eine Zeit lang nicht präsent.

Wir sind so emotional und verstrickt in alte Gefühlsmuster, dass wir unsere Mutter und Kindheit nur schwer mit einer gewissen Distanz betrachten können. Wir werden eher selektiv die schwierigen Eigenschaften unserer Mutter wahrnehmen. Die negativen Gefühle setzen sich in uns fest, und all die liebenswerteren Wesenszüge werden ins Unbewusste verbannt. Wenn der Archetypus der Großen (schrecklichen) Mutter in sie projiziert wurde, dann sind diese Projektionen sehr langlebig und nur mit größten Schwierigkeiten aufzulösen. In Gesprächen über unsere Mutter heißt es dann meistens: „Sie konnte auch nett sein, *aber...*", wobei das „Aber" die zeitweilig wahrgenommene Nettigkeit quasi wieder auslöscht.

Wahrscheinlich kommen die Betroffenen nicht umhin, zur Aufarbeitung und Bewältigung alle Emotionen noch mal zu durchleben. Anders geht es nicht! Man löst das Problem nur durch Bewusstwerdung der Vergangenheit.

„Viele Mütter neigen dazu, die Tochter mehr noch als den Sohn als Teil des eigenen Selbst zu sehen, und das führt dazu, dass sie die Eigenart der Tochter und ihre individuellen Bedürfnisse ungenügend wahrnehmen... Die Mutter kann in ihrer Tochter auch abgelehnte Teile ihrer eigenen Person unbewusst wahrnehmen, die sie dann in der Tochter bekämpft." (Margarete Mitscherlich: Die friedfertige Frau)

Wenn Töchter vor lauter Ablehnung, Wut und Verzweiflung oft am liebsten vorzeitig das Elternhaus verlassen möchten, haben sie auch triftige Gründe. Älter gewordene Töchter setzen sich bewusster mit einer Mutter auseinander, die selbst in ihrer ganz speziellen Problematik gefangen ist und offenbar nur sich und ihre Krisen sieht. Sie beneidet ihre Tochter um deren Jugend, Lebendigkeit und Freunde und gönnte ihr das nicht, natürlich nicht offen und direkt, sondern auf subtilere Weise. Ich hatte eine Kollegin, die jedes Mal, wenn sie mit ihrer Familie in Urlaub fahren wollte, schon darauf wartete, dass ihre Mutter genau zu diesem Zeitpunkt krank wurde und jammerte, sie müsse sicherlich ins Krankenhaus oder würde sogar sterben.

Nicht einfach zu enträtseln sind auch die in dem Kapitel „Doublebinds" verdeutlichten Doppelbotschaften der Mütter, wenn sie etwa klagen: "Geh nur aus, ich komme schon allein zurecht...", die die Tochter in eine missliche Lage bringen. Der Abend, an dem die Tochter sich mit ihrem Freund treffen will, ist überschattet von den unausgesprochenen, aber angedeuteten Wünschen der Mutter, die ja immer alles für ihr Kind getan hat und nun diesen Feiertag alleine verbringen muss. Dieser durch die Doppelbotschaften entstandene moralische Druck macht wütend und hilflos, da diese Wut nicht gezeigt und ausgesprochen werden darf, denn die Mutter könnte dann in Tränen ausbrechen oder einige Tage mit leidendem Gesicht herumlaufen und der Tochter ein permanent schlechtes Gewissen machen.

Und dann sind da noch Schuldgefühle, die wechselseitig zwischen Müttern und Töchtern entstehen und zumeist die Töchter vergraulen. „Ich habe mich für Dich aufgeopfert", ist ein Kernsatz, der solche Schuldgefühle in der Tochter erzeugt, dass sie wie gelähmt ist, obwohl ihre persönliche Erfahrung und ihr gesunder Menschenverstand ihr sagen, dass soviel Aufopferung gar nicht stimmen kann.

Andererseits haben viele Mütter Angst, ihrer Tochter nicht ausreichend Zeit und Zuwendung geben zu können, überhaupt wenn sie berufstätig oder allein erziehend sind. Das Bemühen, eine „perfekte" Mutter zu sein, ist hoffnungslos zum Scheitern verurteilt und doch plagen sich die Mütter mit einem schlechten Gewissen und der Angst, nicht „gut genug" zu sein. Töchter, die trotz aller liebevollen Bemühungen der Mutter abweisend und wenig zugänglich sind, erzeugen in ihr immer wieder Schuldgefühle.

Durch meine Recherchen zum Mütter/Töchter-Thema und meinen eigenen Erfahrungen und Gesprächen wurde mir immer bewusster, dass diese Beziehung stets von hoher Emotionalität ist, dass sie noch lange, oftmals über den Tod der Mutter hinweg, kaum an Intensität verliert. Wenn man scherzt: „Im Zweifelsfall ist immer die Mutter schuld", wird das allzu beifällig begrüßt, erspart es doch den Töchtern, den eigenen

Schatten und ihren Beitrag zu diesem Teufelskreis wahrzunehmen.

Der Tochter bringt es später nichts mehr, ihrer Mutter für alles Negative, was in der Vergangenheit zwischen ihnen geschah, die Schuld zu geben. Ich denke, wir erwachsenen Töchter könnten versuchen, die Vergangenheit – nun mit etwas mehr Distanz – zu verstehen, es sei denn, die Mutter hat uns grob misshandelt und uns nachhaltig geschädigt. Hatte man z.B. eine Alkoholikerin zur Mutter und unter ihr sehr zu leiden, so würde ich mir die Frage stellen, durch wen oder was war meine Mutter so voller Angst, dass sie die Realität ohne Bewusstseinsveränderung nicht mehr aushielt?

Kaum eine Mutter ist nur schlecht und zu bedenken, was sie an Gutem für uns getan hat, hilft sicher auch, unseren Groll und ihre Verneinung abzubauen. Vielleicht können wir auch im Nachhinein Mitgefühl entwickeln, weil die schwierige Lebensgeschichte der Mutter, angefangen von dem vielleicht miserablen Verhältnis zu ihrer eigenen Mutter bis zur Aufgabe all ihrer Jugendträume (durch Krankheit, Scheidung, soziale Probleme etc.), uns nachsichtiger und weichherziger werden lässt.

Auch die Schattenproblematik zwischen Müttern und Töchtern ist ein enorm wichtiges Thema. Stellen wir uns vor, dass eine Tochter im Laufe ihrer Adoleszenz die Welt der männlichen Wesen und ihre Sexualität entdeckt. Es wird nicht ausbleiben, dass sie sich aufreizend anzieht, beginnt, Augen und Lippen in schwarz-rote Gemälde zu verwandeln und sich abends, längst nach der von den Eltern fest gesetzten Zeit, in ihr Zimmer schleicht.

Stellen wir uns weiter vor, dass die Mutter in einem prüden Elternhaus erzogen wurde und früher gerne auch ihre Erfahrungen gemacht hätte. Aber ihr Umfeld und Elternhaus gestatteten ihr keine Experimente mit dem anderen Geschlecht, und so heiratete sie früh ihren Jugendfreund. Der Schatten der Mutter, also die abgelehnten und ungelebten Teile in ihr, die sie aus diversen Gründen nicht akzeptieren kann und somit verdrängen muss, bekämpft sie nun in der Tochter und lässt sie wütend schimpfen, sie solle ihr bloß nicht mit einem Kind nach Hause kommen bzw. sich wie ein Flittchen anziehen etc.

Es wäre für Mütter der heranwachsenden Töchter äußerst hilfreich, wenn sie sich psychologische Kenntnisse aneignen könnten, die beiden – zumindest einige – heftige Auseinandersetzungen und Missverständnisse ersparen würden.

Ein Verständnis dieser psychischen Prozesse täte beiden gut. Auf einer übergeordneten Ebene würde ich persönlich davon ausgehen, dass wir genau die Mutter bekommen bzw. die Mutter genau die Tochter bekommt, die für beide in diesem Leben richtig ist – als eine Herausforderung und Chance im Sinne unserer Individuation.

Mütter und Söhne

Der Einfluss einer Mutter auf ihren Sohn ist von grundlegender Bedeutung für die Entwicklung seiner Gefühlswelt. Sie stellt die entscheidenden Weichen für die spätere Beziehung ihres Sohnes zu Frauen, sie beeinflusst seine intimen Bedürfnisse und wie er später seine Rolle als Vater versteht. Die Welt des Weiblichen, mit der er durch die Mutter in Berührung kommt, umfasst symbolisch: Natur, Hingabe, Gefühle, Vertrauen in das Leben, emotionale Beziehungsfähigkeit, Fürsorge etc.

Später wird und sollte sich das Verhältnis zu seiner Mutter verändern, da die Symbiose zwischen Mutter und Sohn gelöst werden muss, er sich der Welt des Männlichen zuwenden kann. Hierbei ist der Vater, als erste männliche Bezugsperson, von großer Bedeutung, da er seinem Sohn als Vorbild dient. Falls die Bindung an die Mutter sehr stark ist, sollte im Idealfall der Vater ihn mit seiner männlichen Präsenz aktiv beeinflussen.

Es hängt vom Wesen der Mutter ab, welche wichtigen inneren Werte sie dem Jungen vermitteln kann: Eine gefühlige Mutter ist die, die ihre Rolle als Frau gerne ausfüllt und sich geliebt fühlt, weil sie sich selbst völlig akzeptiert. Andere Faktoren können die Mutter/Sohn-Beziehung ganz anders beeinflussen: Sie ist ein Denk- oder Empfindungstypus, hält noch an traditionellen Geschlechterrollen fest, verwöhnt ihren Sohn oder erzieht ihn lieber streng. Und: Kann sie das Gleichgewicht zwischen Nähe und Distanz halten (siehe auch das Kapitel „Das Dilemma von Nähe und Distanz")?

Bei einer negativen Mutterbindung geben beide ihre Eigenständigkeit und Freiheit auf, und sie bleiben aneinander kleben. Solch eine Bindung ist oft stärker als die Beziehung zur eigenen Ehefrau: Der Mann fühlt sich immer noch vorrangig seiner Mutter verpflichtet, obwohl er eigenständig und getrennt von ihr wohnt. Ihre Gespräche klingen oft so, als seien sie miteinander verheiratet. Ursache ist meist eine Mutter, die ihren Sohn nicht loslässt oder aber ein fehlender Vater (bzw. männliche Bezugsperson), der dem Kind weder Vorbild noch Identifikationsfigur sein konnte.

Oft heiratet ein Mann mit einem negativen Mutterkomplex erst spät - wenn überhaupt - und dann je nach Mutterbild einen mütterlichen oder dominanten Frauentyp. Er bleibt aber in unbewusster symbiotischer Verbundenheit mit seiner Mutter, die weiterhin sein Leben bestimmt und die Ehe nachhaltig stört. Bekanntlich haben homosexuelle Männer mit starker Mutterbindung ein erstaunliches Einfühlungsvermögen, Sinn für Ästhetik und eine sensible Empfänglichkeit.

Der Sohn muss sich also - anders als die Tochter - zur Identifikation mit dem Vater von der Mutter lösen. Oftmals bleibt er jedoch durch unbewusste Inhalte an die Mutter gebunden, die die oben beschriebenen Gefahren (Komplexbildung, Identitätsprobleme etc.) mit sich bringen. Die unterschwelligen Emotionen werden in die späteren Partnerschaften des Sohnes übertragen, d.h. er stößt immer wieder auf Frauen, die seinem Bild von Weiblichkeit (seiner Anima) entsprechen. Sicher projizieren wir alle mehr oder weniger, wäre es anders, gäbe es wahrscheinlich weniger Scheidungen. Aber die von einer Mutterbindung geprägten späteren Beziehungen sind für den Sohn, aber mehr noch für die Partnerin, besonders problematisch.

Wenn der Sohn selektiv einen distanzierten und vielleicht etwas spröden Gefühlsausdruck bei seiner Mutter wahrnimmt - ungeachtet ihrer wirklichen Wesensart -, wird er später in Beziehungen selbst ernsthaft und verschlossen wirken. Diese Ausstrahlung macht eine Kontaktaufnahme nicht ganz einfach, weil sie andere Menschen zögern lässt, auf ihn zuzugehen, woraus der Betreffende folgert, er sei nicht beliebt oder liebenswert. Wenn Gefühle von ihm erwartet werden, flieht er lieber.

Die Schatteneltern von Frido Mann

Während ich an diesen Texten arbeite, begegnet mir „zufällig" die Autobiografie von Frido Mann, dessen Lebensgeschichte ich mit wachsender Fassungslosigkeit las, wird sie doch massiv durch „Schatteneltern" bestimmt. Wiederum finden wir bestätigt, dass psychische und physische Kindheitsverletzungen in allen sozialen Schichten vorkommen können. Wir erfahren hier, wie sich der Mythos einer hoch neurotischen Familie in Frido Mann fortsetzt.

Vater Michael, der jüngste Sohn von Katia und Thomas Mann, war zunächst Musiker und lehrte später als Professor für Deutsche Literatur an der Universität von Kalifornien, Berkeley. Während Vater Thomas Mann seinen Sohn Michael „ausgesprochen schlecht behandelt hat", wurde Frido der Lieblingsenkel des Großvaters, blieb aber der ungeliebte Sohn seines eigenen Vaters. Frido verbrachte seine ersten Lebensjahre in Kalifornien, aber nicht etwa in seinem Elternhaus, sondern er wurde über all die Jahre monatelang zu den Großeltern geschickt.

Zurück von der ersten Europareise 1947 bringen die Eltern ihn wieder bei den Großeltern unter, weil sie auf eine lange Konzertreise gehen. Dieses Abschiebungsmuster setzt sich in Amerika fort, bis Frido 1949 in die Schweiz umgesiedelt wird, dort bei den Großeltern mütterlicherseits wohnt und seine Eltern für ihn „kaum mehr erreichbar" sind. Aber dann erscheinen die Eltern doch mal wieder und mieten sogar ein Haus am Wolfgangsee; die Familie (der 2 Jahre jüngere Bruder Toni teilt das Schicksal von Frido) ist für einige Zeit vereint. Als die Eltern wieder auf Konzerttournee gehen, wird sich eine junge Hausangestellte um die Kinder kümmern.

Ende September 1952 steht eine 2-jährige Weltreise der Eltern an, und die Kinder werden in einem Internat in Bern untergebracht: *„Nimmt denn das nie ein Ende? Diese ständige Fremdbestimmung, dieses unaufhörliche Hin-und-her-Geschubse? Panische Angst vor dem Alleingelassenwerden und dem Alleinsein."* (Alle Zitate aus „Achterbahn" von Frido Mann) Nein, es nimmt kein Ende. Die Eltern wollen 1955 für immer nach Amerika zurückgehen, und es wird beschlossen, dass Frido in das Haus seiner inzwischen verwitweten Großmutter Katia zieht und in Zürich das Gymnasium besuchen soll. Seine Eltern sind für ihn außer „in einer dünnen Briefkorrespondenz" nicht zu erreichen.

Zwei Jahre vor seinem Abitur darf er mit Toni seine Eltern in Amerika besuchen. Zum Abschied, der ihm sehr schwerfällt, fragt er seine Mutter, warum er nicht in Amerika auf die Schule gehen könne. Seine Mutter antwortet ihm („ohne rot zu werden"), dass man diese Entscheidung nur zu seinem Wohl gefällt habe, da die Schulausbildung in Europa viel besser sei (siehe Kapitel „Doublebinds"). Es dauert nunmehr 18 Jahre, bis Frido einen Besuch bei seinen Eltern in Kalifornien erkämpfen kann.

Und wie erlebte Frido seine Eltern? Es ist bekannt, dass Michael Mann sehr schwierig war, ein zu Wutanfällen und unberechenbaren, extremen Stimmungsschwankungen neigender Mann: *„Er leidet sehr deutlich unter seiner eigenen Zerrissenheit und darunter, sich selbst so wenig unter Kontrolle zu haben."* Im Gegensatz zur Mutter hat der Vater jedoch auch freundliche Wesenszüge: *„So unberechenbar sich mein Vater als nervös überspannter Wüterich aufführen kann, so überraschend zugewandt, liebevoll und lebendig humorvoll kann er sein."* Die Mutter ist zwar berechenbarer als der Vater, er schildert sie aber als unterkühlt und desinteressiert: *„Ihre Beziehung zu uns Kindern besteht hauptsächlich darin, uns zu verwalten...Aber an etwas anderes kann* *ich mich eigentlich nicht erinnern: an irgendeine körperliche Berührung von ihr."*

Als Fridos erste Liebesbeziehung (1962) zerbricht, stürzt er in eine tiefe Krise: *„Dicht am Abgrund von Todessehnsucht überfällt mich zeitweilig die Angst, den Verstand zu verlieren."* Er gewinnt den Kampf gegen seine selbst zerstörerischen Kräfte. Nach einem Musikstudium an der Zürcher Musikhochschule mit Abschluss an der Accademia Santa Cecilia in Rom studiert und promoviert er (nach erfolgter Konversion) in katholischer Theologie. Dann folgt ein Psychologiestudium, das er mit einem Diplom abschließt, und schließlich arbeitet er als Klinischer Psychologe an einem Psychiatrischen Krankenhaus. Sein beruflicher Lebensweg hat noch viele Stationen, die ich hier aussparen möchte.

Frido war geschlagen mit dem schwierigen Wesen eines Macht ausübenden und dominierenden Vaters, der ihn in seinen kreativen (Musikstudium) und religiösen (Theologiestudium) Bestrebungen nicht unterstützte, im Gegenteil: er wollte seinen Willen durchsetzen. Wechselbäder bestimmten diese Beziehung: Der abweisende und abwesende Vater, der kritisierte und dem Kind wenig Selbstvertrauen gab, aber auch der liebevolle, musische Vater, der ihm in der Jugend den Zugang zur Musik öffnete und ihn später diese nicht studieren lassen wollte. Der enttäuschende, physisch und psychisch abwesende Vater, der ihm keine Identifikationsmöglichkeit bot und Frido nicht in seiner werdenden Persönlichkeit stärkte. Es ist aber auch der Vater mit einem großen kreativen Potenzial, das er in diesem Falle an seinen Sohn weitergegeben hat.

Seine Bedürfnisse nach Zugehörigkeit, Nähe, Harmonie und Sicherheit durch Beziehungen wurden durch seine Mutter nicht erfüllt, jedoch teilweise von den Großeltern Mann, denn er hielt sich gerne in ihrer Nähe auf. Die fehlende Nähe und

Geborgenheit, die für jedes Kind über-lebenswichtig ist, erzeugt eine nachhaltige Sehnsucht nach dieser unerfüllten Liebe und lässt den Menschen lange nach Ersatzmüttern suchen, wo doch eigentlich immer nur die Eine gemeint ist.

Die Alma Mater, die nährende Mutter, ist ein Begriff, mit dem im deutschen Sprachraum die Universität bezeichnet wird. Frido Mann absolvierte ein Musik-, Theologie- und Psychologie-Studium und studierte schließlich mit 44 Jahren noch fast 4 Semester Medizin. Wir können diesen Studieneifer unter anderem auch auf seine verzweifelte Suche nach Zugehörigkeit und Geborgenheit zurückführen, die seine Mutter ihm verweigerte. Ersatz suchte und fand er in jener Übermutter, der Alma Mater, und im „Schoß der Kirche", der Über-Über-Mutter sozusagen.

Wenn man über ein Familienmitglied der Familie Mann schreibt, kommt man nicht umhin, über den Übervater, den Lichtspender, aber auch „Schattenwerfer", Thomas Mann zu sprechen, der das Leben seiner Kinder und Kindeskinder so prägend beeinflusste.

Auch Frido Mann stand lange in seinem Schatten, er verübelte ihm die *„literarische Verewigung als Nepomuk Schneidewein, genannt ‚Echo', der im ‚Doktor Faustus' als vierjähriger Himmelsbote nach qualvoller Krankheit buchstäblich vom Teufel geholt wird."*

Frido reagierte darauf sehr empfindlich und weigerte sich in der Folge sein halbes Leben, die Werke seines Großvaters zu lesen. Das Thema Abgrenzung von der Familie und besonders von seinem Großvater nahm einen großen Raum in seinem Leben ein. Natürlich wurde auch er, wie all die anderen Nach-Manns, immer an dem großen Thomas Mann gemessen, besonders als er in späteren Jahren begann, eigene

Bücher (noch dazu Romane) zu verfassen. Wir sehen hier, wie auch in sozial gut oder „besser" gestellten Familien, in der man ein gewisses Niveau erwarten könnte, Kinder misshandelt und grob vernachlässigt werden.

Die Schatteneltern von Karin

An dem Beispiel von Karin möchte ich zeigen, wie sich eine dunkle Kindheit auswirkt, eine Kindheit, die kaum Licht und viel Schatten wirft, zumal beide Elternteile an dem Drama beteiligt sind.

Karin wurde kurz vor Ende des zweiten Weltkrieges in Norddeutschland geboren, der Vater war im Krieg, die Mutter musste sich alleine um Haus, Hof, Schlachterei und das Kind kümmern. All diesen Anforderungen war sie kaum gewachsen, was aber nicht erklärt, warum sie keine Zeit für ihr schwer an Diphtherie erkranktes Kind hatte. Sie beauftragte stattdessen eine Flüchtlingsfrau, die mit auf dem Anwesen wohnte, sich um Karin zu kümmern. Die Ärzte hatten dem Kind - bei fehlender intensiver Betreuung - nur wenige Überlebenschancen gegeben.

Als der Vater 1948 aus russischer Gefangenschaft heimkehrte, wurde die häusliche Situation noch schlimmer. Karin lehnte den „fremden Mann", der ihr Vater sein sollte, vehement ab, zumal er, durch den Krieg gezeichnet, sehr viel trank, jähzornig und nicht ansprechbar war. Sie bezeichnete sein Verhalten später als destruktive Machtausübung, die sich auch auf seine Ehe bezog. Die Atmosphäre im Elternhaus war kalt, nüchtern, arbeitsam, lieblos, und Karin war nie vor aggressiven Ausbrüchen des Vaters, aber auch hoch emotionalen Verhaltensweisen der Mutter sicher. Ein Jahr nach Rückkehr des Vaters wurde ihr Bruder geboren, zur großen Freude aller endlich ein „Stammhalter". Karin zog sich weiter in sich selbst zurück, ihre Verlassenheitsgefühle verstärkten sich, aber sie wurde auch störrisch – eine Abwehrhaltung gegen all diese Verletzungen. Karin wurde in ihren Gefühlen nicht von der Mutter gespiegelt und verlor so sehr früh den Kontakt zu sich. Dieser traumatischen Kindheit entfloh sie in Traumwelten. Voller Entsetzen erinnert sie sich noch heute an das qualvolle Schreien der Tiere, die im Schlachthaus, das neben ihrem Kinderzimmer lag, getötet wurden. Trotz allem, oder all das kompensierend, entwickelte sie in der Schule und dem folgenden Studium sehr großen Ehrgeiz: Ein verzweifeltes Bemühen um Liebe und Anerkennung.

Ihre erfolgreichen Ergebnisse in Schule und späterer (von ihr erzwungenen) Ausbildung wurden jedoch weiter herabgesetzt, und ihr wurde drastisch vor Augen gehalten, dass sie aus der Art schlage und sich lieber um den Hof kümmern solle. Das Geld für ihr Studium und weitere berufliche Fortbildung verdiente sie sich nebenbei selbst, da Lernen für die Eltern vergeudete Zeit und verlorenes Geld war.

Karin war also der Übermacht ihrer Eltern ausgeliefert: ihrer Kindheit fehlte eigentlich alles, was für die positive Entwicklung eines Kindes Voraussetzung ist: Liebe, Geborgenheit, Nähe, Wärme, Ur-Vertrauen, Sicherheit und Zugehörigkeit: Stattdessen wurde sie lediglich versorgt...

Die unglaubliche Wut, die sich in Karin im Laufe der vielen Jahre voller Unterdrückung, Demütigung und Ablehnung angesammelt hat, ist noch heute ihr Problem. Tiefe Gefühle und intensive Emotionen, die sie früher nicht zeigen durfte, brechen sporadisch mit aller Gewalt und Kontrollverlust aus ihr heraus. Auf jede Form von Dominanz, durch die sie gleichzeitig ihre Sicherheit bedroht sieht, reagiert sie explosiv. Allerdings bemüht sie sich bewusst, ihre Gefühle zurückzuhalten, da sie um deren Intensität und zerstörerische Kraft weiß und sich überdies nicht noch verletzlicher machen möchte.

Ihr Bruder starb in jungen Jahren durch einen Verkehrsunfall und kurz darauf verstarb auch Karins Vater, mit dem sie nach einem heftigen Streit anlässlich der Beerdigung des Bruders keinen Kontakt mehr hatte. Alle Wunden brachen wieder auf, und die Gewissheit, dass eine Versöhnung nun unmöglich geworden war, brachte sie an den Rand der Verzweiflung.

Trotz alledem konnte sie ihre guten Veranlagungen nutzen, begann, sich mit ihrem Unbewussten auseinander zu setzen, besonders mit dem inneren verletzten Kind, und ging auf die Suche nach neuen Erkenntnissen und sinnvollen Aufgaben. Sie begann eine Psychotherapie, und auch ihr Mann, mit dem sie schon viele Jahre verheiratet ist, unterstützte sie und half ihr, Licht in die schlimmen Schatten der Kindheit zu bringen.

Allerdings ist das Thema Mutter noch nicht verarbeitet. Sobald Mutter und Tochter in Kontakt treten, was selten genug vorkommt, brechen alle Verletzungen und Verwundungen wieder auf, wohl auch, weil die Mutter es immer noch zu gut versteht, ihrer Tochter jedes bisschen Liebe und Aufmerksamkeit zu verweigern. Und Karin kann die Hoffnung, doch noch geliebt und anerkannt zu werden, einfach nicht aufgeben.

Das Mutterproblem von Sonja

Sonja wuchs in äußerst beengten Verhältnissen auf, der Vater verließ frühzeitig die Familie, und so war sie mit ihrer echten Schwester und einer Halbschwester ihrer dominanten Mutter ausgeliefert. Ihre Halbschwester wurde bevorzugt, ihre Schwester immerhin noch akzeptiert, aber sie selbst abgelehnt. Sie fühlte sich ungeliebt, unerwünscht und führte ein Schattendasein voller Angst, Demütigungen und Wut. Vor allem ihre Ängste vor dem Tod, besonders dem gar nicht zu erwartenden Tod ihrer Mutter, waren kaum zu ertragen, zumal sie sich niemandem anvertrauen konnte.

Als sie sich endlich durch eine Heirat von der Mutter löste, geriet sie (zwangsläufig) an einen Mann, der sie nicht viel besser behandelte als ihre Mutter. Sie hatte zu gehorchen, musste alles selbst verdiente Geld abgeben (wie bei der Mutter) und nahm mehr oder weniger Befehle entgegen. Sie schaffte es, nach der Geburt ihrer Tochter die Scheidung durchzubringen und ging zur Behandlung in eine psychiatrische Klinik, wo ihre massiven seelischen Verwundungen fachärztlich behandelt wurden. Heute allerdings, mit sechzig Jahren, hat sie immer noch Probleme mit ihrer Selbstbehauptung, möchte es jedem recht machen, widerspricht selten und fühlt sich sehr schnell immer noch unerwünscht. Die psychische Vernachlässigung und Misshandlung durch ihre Mutter hatten aber auch eine Ansammlung von Wut und Zorn zur Folge, die sie tief in sich vergrub. Ein Ausleben dieser Emotionen schien ihr undenkbar.

Die fehlende Liebe der Mutter überschattete ihr ganzes Leben, zeitweise konnte sie den Alltag und alle Ängste und Panikattacken nur mit Tabletten bewältigen. Nach und nach erkannte sie, dass ihre Depressionen auch mit einer religiösen Problematik zu tun hatten. Sie wurde streng katholisch erzogen, und die ihr vermittelten Glaubensinhalte lösten in ihr Schuldgefühle, Scham und Ängste aus. Als ihre Mutter vor 10 Jahren verstarb, war das innere Drama jedoch noch lange nicht beendet. All die vorgenannten Erfahrungen und Emotionen waren so tief in ihr gespeichert, dass sie erst spät damit umzugehen lernte.

Überwältigend waren auch ihre damaligen Ängste vor dem Tod, die sie selbst zu Selbstmordgedanken trieben. Sonja weiß, dass sie ein heftiges Aggressionspotenzial besitzt mit (selbst) zerstörerischen Phantasien. Diese unglaublichen Energien müssten kontrolliert, transformiert und in kreative Bahnen gelenkt werden. Sie ist in ihrem Leben viele psychische Tode gestorben - vielleicht zu viele -, aber der Prozess des Werdens scheint beschritten und dauert an.

In Sonjas Fall müsste wohl die Idealisierung der Mutter geopfert werden, die verlorene Kindheit und ihr Opfer-Selbstbild des vernachlässigten Kindes sowie auch die Illusion, doch noch in sich eine Mutter/Kind-Idylle schaffen zu können. Da Opfern nicht heißt, dass wir nur etwas verlieren oder uns etwas weggenommen wird, sondern wir damit auch eine neue Lebensperspektive entwerfen können, hat sie die Chance, das Potenzial durch sinnvolle neue Aufgaben zu entfalten.

Mutterbindung: Antoine Saint-Exupéry

Fast alle Biografen schreiben über Antoines wunderbare
Kindheit, die er in Schlössern verbrachte: Als ob das schon die
Garantie für eine Kindheit ohne Probleme wäre. Als mir das
Buch von Eugen Drewermann begegnete: „Das Eigentliche
ist unsichtbar", eine tiefenpsychologische Deutung des
„Kleinen Prinzen", löste sich das Kindheits-Rätsel nach und
nach. Man kann das Wesen von Saint-Exupéry nur wirklich
begreifen, wenn man um seine unaufgelöste und unauflösliche
Mutterbindung mit gleichzeitiger Angst vor der mütterlichen
Vereinnahmung weiß. *„Im gewissen Sinne kann man die
Geschichte vom ‚Kleinen Prinzen' lesen wie eine verschlüsselte
Kindheitserinnerung, wie eine Art privaten Regenerationstraum."* Die
Symbolik der Rose dürfte uns hier besonders
interessieren:
*„Dieses Geheimnis der Rose entdeckt man freilich nur mit den Augen
der Psychoanalyse, dann aber unzweideutig und klar: als das Geheimnis
der Mutter."* (Drewermann: ebda.)

Im Jahr 2000 erschien dann das Buch „Die Rose des kleinen
Prinzen - Erinnerungen an eine unsterbliche Liebe" von der
Salvadorianerin Consuelo de Saint-Exupéry, die in dritter Ehe
mit Antoine verheiratet war. Sie berichtet über das Leben an
seiner Seite, seine Untreue, Leidenschaft und seinen Don-
Juanismus, von Brüchen, Ausbrüchen, Trennungen und den
dunklen Tiefen dieser Verbindung. Vor allem erfahren wir,
dass sie in der „Rose" verewigt worden sein soll. Also sie und
nicht die Mutter?

Die diesbezüglichen Aussagen der beiden vor genannten
Bücher schließen einander nicht aus, denn der Ausgangspunkt
von Exupérys Bindungsunfähigkeit bzw. seiner Unfähigkeit,
echte Beziehungen mit Frauen einzugehen und seiner
neurotischen Untreue, wird in der Bindung an die Mutter zu

finden sein. Die unzähligen Briefe, die Saint-Exupéry von 1910 bis 1944 an seine Mutter schrieb, sind erhalten geblieben, und wir können in ihnen nachlesen, wie besorgt, traurig, voller Verantwortung und Schuldgefühle, vor allem mit welcher unglaublichen Liebe und Zärtlichkeit er an seiner Mutter hing. Seine Briefe, die er im Alter von 21 Jahren verfasste, sind ebenso dramatisch und wehmütig gefühlvoll wie die 20 Jahre später. Sie setzen sich auch nach seiner Heirat 1931 fort und verdeutlichen, *„wie vollkommen gebunden Exupéry an seine Mutter zeit seines Lebens war."* (Eugen Drewermann: ebda.) So ist Exupéry nie aus der symbiotischen Verschmelzung mit seiner „Rose" herausgekommen.

Exupery litt unter massiven Schuldgefühlen, Depressionen, Selbstvorwürfen mit dem Anspruch an sich, die Mutter (allerdings aus der Ferne) zu schützen, für sie zu sorgen, sie zu behüten und zu verwöhnen. Aber gleichermaßen suchte er auch Schutz bei ihr mit dem inständigen Wunsch, zu ihr nach Hause zu kommen. *„Ich brauche Dich ebenso sehr wie damals, als ich ganz klein war...Du bist meine Zuflucht, Du weißt alles, Du lässt alles vergessen, und ob man will oder nicht, man fühlt sich als ganz kleiner Junge."* (1922) Auch noch 5 Jahre nach seiner Heirat schrieb er an seine Mutter: *„Ein wenig Consuelo zuliebe bin ich heimgekommen, aber durch Dich, Mama, kommt man heim. Die Du so schwach bist, wusstest Du Dich so sehr als Schutzengel und stark und weise, dass man zu Dir betet, allein, in der Nacht?"* (Antoine de Saint-Exupéry: Briefe an seine Mutter)

Als der Vater starb, war Antoine 4 Jahre alt, ein schwieriges Alter, da es in die ödipale Phase fällt, in der ein Junge beginnt, seine Mutter zu begehren, für die er die wichtigste Person sein will. Das impliziert aber auch, dass er sich den Vater wegwünscht. Dadurch wiederum kann man vermuten, dass Antoine sich für den Tod des Vaters schuldig fühlte, denn seine gedanklichen Wünsche, der Vater möge verschwinden, haben sich ja erfüllt.

Drewermann schreibt zu der Problematik des fehlenden Vaters:
„…er selbst, der ‚Kleine Prinz' wird daher auf seine Mutter Acht haben müssen; er selber wird sie umsorgen und behüten und alles nur Erdenkliche für sie tun; er wird ‚…, als tapferer Streiter für den Schutz und die Ehre seiner Mutter ins Feld ziehen – eine höchst strapaziöse Doppelrolle, in welcher das Kind als der beschützte Beschützer, um von der Mutter geliebt zu werden, im Grunde die Stelle ihres Gatten übernehmen muss." (Drewermann: ebda.)

Über die Mutter sind nur wenige Einzelheiten bekannt: *„Da ist seine dominierende Mutter, die Hüterin des Heims, die Mutter, welche die Kindheit verzaubert, das Bild der Treue und Beständigkeit. Diese Motive verklärt er und überträgt sie auf Frauen.*" (Vorwort von Alain Vircondelet zu „Die Rose des kleinen Prinzen")

Eine sorglose Kindheit, in der das Kind verwöhnt und verzärtelt wird, bringt jedoch die Gefahr mit sich, dass es später ein melancholisches, trauriges und nie endendes Heimweh nach dieser Zeit verspürt. Der Erwachsene braucht dann immer noch dringend Nähe und Zugehörigkeit, Wärme und Geborgenheit. Eine meist vergebliche Suche, und so wird man wieder zum kleinen Kind, und die Mutter bleibt die Quelle der ungestillten Sehnsucht. Es ist bekannt, dass eine Art Rastlosigkeit Saint-Exupéry sehr umtriebig machte. Immer auf der regressiven Suche nach der Mutter, und sei es in Form der „Mutter Erde", mit dem gleichzeitigen Wunsch, ihr zu entfliehen oder eben zu „entfliegen".

Wieso übernimmt Exupéry diese Rolle des Bemutternden und Verantwortungsvollen und überschüttet seine Mutter mit soviel Fürsorge? Immer um Wiedergutmachung bemüht? Die Antwort liegt wahrscheinlich in den Schuldgefühlen, die mit dem Tod des Vaters einhergingen, den er sich ja als Kind „weg gewünscht" hatte. Wir können auch vermuten, dass die Erschütterung der Mutter durch den Tod ihres Mannes einen großen Einfluss auf Antoines Unbewusstes und seinen Lebensweg hatte. Das würde auch das Beschützenwollen und Trösten der Mutter erklären. Ein Kind fühlt gerade die geheim gehaltenen Emotionen - und die Mutter wird ihre verzweifelten Gefühle nicht vor dem Kind ausgelebt haben - so als ob es seine eigenen wären. Es ist auch möglich, dass Saint-Exupéry die Verlusterfahrungen durch den Tod des Vaters selbst als bedrohlich erlebte, und er sich so an die Mutter klammerte, weil er fürchtete, dass auch sie ihm genommen werden könnte.

Mutterbindung: Thomas

Thomas ist ein sensibler Musiker, dessen Kindheit von seiner dominanten und starken Mutter bestimmt war. Er erlebte sie als das große Machtzentrum der Familie, seine Erfahrungen schilderte er als hart, mit emotionalen Einbrüchen und der großen, beständigen Angst, seine Mutter zu verlieren, obwohl es dazu keinen konkreten Anlass gab. Er wusste nie, welche Gefühle ihm von seiner Mutter entgegen kamen: Waren sie kalt oder warm, nahm sie ihn in die Arme oder ignorierte sie ihn? Er blieb lange an sie gebunden und war emotional auch noch als Heranwachsender von ihr abhängig, was einen gravierenden Einfluss auf seine späteren Beziehungen zu Frauen hatte und noch hat.

Thomas Partnerschaften sind problematisch, symbiotisch und unfrei, er will sich nicht binden, sucht und braucht trotzdem die Nähe anderer. Meistens hält er seine Beziehungen in einem Schwebezustand, er hat Angst, in eine Abhängigkeit zu geraten, wie er sie in seiner Mutterbeziehung erlebt hat. Diese Ambivalenz zieht sich durch all seine Beziehungen. Er möchte sich nicht getrennt fühlen, sucht Wärme und Geborgenheit, doch scheut er eine zu intime Beziehung aus Angst vor Verlust und Schmerz.

Auf sein Umfeld und das Leben reagiert er sehr verletzlich, einfühlsam und mitfühlend. Ihm fehlen zwar harte Durchsetzungskräfte, aber wenn er etwas erreichen will, sorgt er auf seine sanfte und beharrliche Art schon dafür, dass er es bekommt. Durch seine Introvertiertheit braucht er einige Zeit, ehe er mit anderen Menschen warm wird, aber das ist nur ein Schutzmechanismus, der ihn vor Verletzungen bewahren soll. Im Herzen ist er beeindruckbar und empfindsam und im Grunde zu durchlässig, um den Herausforderungen des manchmal harten Lebens gewachsen zu sein, da ihn - was bei

Künstlern ja nicht selten ist - alles zu sehr berührt. Obwohl ich ihn nicht sehr gut kenne, bin ich inzwischen überzeugt, dass er hochsensibel ist. Damals wir mir diese Veranlagung noch nicht bekannt; ein vertieftes Gespräch darüber hätte ihm sicher sehr geholfen.

Sein Mutter-Thema ist stark durch das Bedürfnis nach emotionaler Sicherheit, Geborgenheit und Zugehörigkeit und seinen daraus resultierenden Kindheitsängsten geprägt, von der Mutter verlassen zu werden. Die sporadisch physische und psychische Abwesenheit der Mutter, die nicht ausschließlich für ihren Sohn verfügbar sein konnte, verunsicherte ihn zutiefst, und jede emotionale Unzulänglichkeit, fehlende Zärtlichkeit und Bemutterung lösten verzweifelte Gefühle in ihm aus, die emotional in Thomas Unbewussten gespeichert sind und somit bis heute seine Verbindungen beeinflussen.

So ist es für ihn nicht einfach, eine „nette" Partnerschaft zu leben: Er gerät immer wieder an Frauen, die das frühere innere Drama aufleben lassen. Er trifft sie nicht „zufällig", sie ziehen ihn magisch an, sie faszinieren ihn, diese Frauen, die ihm unbewusst signalisieren, ich löse in dir all die Gefühle aus, die dir aus der Kindheit so vertraut sind. Als ich Thomas fragte, ob er denn überhaupt Interesse an Frauen habe, die nicht diese Sogwirkung auf ihn ausüben und ihm gleich eine Neu-Inszenierung des Mutter/Kind-Dramas versprechen, verneinte er.

Die Rolle des Vaters

Der Vater spielt in der Kindheit eine prägende Rolle und kann sogar eine Art "Ersatzmutter" sein. Dennoch liegt die große Verantwortung für den Lebensweg und die Entwicklung des Sohnes verstärkt bei ihm. Keine leichte Aufgabe, denn es gibt – nicht zu wenige – Kinder, die auch den bemühtesten Vater zur Weißglut bringen können. In vielen Fällen hilft hier die Vermittlung der Mutter, die mit Geduld und Instinkt die Wogen auf ein normaleres Maß glättet. Söhne und Töchter, die auf die schiefe Bahn geraten, Drogen nehmen, die Schule „schmeißen", beim Diebstahl erwischt werden etc., sind die größte Herausforderung für eine intakte Familie. Keiner ist frei von Schuld, und oft agiert das Kind ja nur aus, was bereits im familiären Konfliktreservoir vorhanden ist.

Denn viele Familien sind nur vordergründig intakt, da latent negative Gefühlsinhalte verdrängt werden, um den Schein nach außen zu wahren. Alles, was in den Eltern unbewusst schlummert, wird einen Einfluss haben, und bei der mangelnden Bewusstheit mancher Eltern braucht man sich nicht zu wundern, wenn die Kinder sich fehl entwickeln. Wenn also die Beziehung zwischen den Eltern von emotionalen Unvereinbarkeiten und verbalen Attacken bestimmt ist, dann hilft auch kein noch so guter Vater. Die problematischen Gefühle und Verhaltensweisen der Eltern untereinander können für ein kleines Kind die bereits geschilderte dramatische Ausgangssituation bedeuten.

Der Vater hat bis zum Erwachsenwerden seiner Kinder die Verantwortung für sie und ihren Lebensweg. Er sollte deren Interessen und Standpunkten positiv begegnen, sie zum Nachdenken über widersprüchliche Anschauungen und elementare Lebenseinstellungen anregen, ohne diese von Vornherein abzuqualifizieren. Ver- und Gebote des Vaters sind aber wenig sinnvoll, wenn sie nicht begründet werden können und vielleicht nur für seine Kinder gelten, während der Vater für sich andere Maßstäbe anlegt. Für das Aufspüren dieser Doppelmoral entwickeln vor allem die Söhne, aber auch manche Tochter, oft einen sechsten Sinn und großen sportlichen Ehrgeiz.

Bei meinen Gesprächen mit Jugendlichen und auch meinen Brüdern über ihre Vaterbeziehung gab es einige Überraschungen: Die meisten Männer waren sich ihrer gefühlsmäßigen Einstellung zu ihrem Vater nur wenig bewusst, und die erlebten Emotionen wurden später rationalisiert oder verdrängt. Was dann übrig blieb, war eine diffuse Erinnerung an einige Erlebnisse und Ereignisse, denen sie keine größere Bedeutung mehr beimaßen, sicherlich auch, weil sie nicht ausreichend erinnert und noch einmal gefühlt werden wollten. Hier müsste man die Söhne also anregen, nicht nur den erinnerten Ereignissen, sondern auch den sie begleitenden Gefühlen nachzuspüren, um dem wahren Kindheitserleben nahezukommen. Bei den Töchtern gingen die Emotionen stets sehr tief und waren noch nach Jahren oder sogar Jahrzehnten bereit, an die Oberfläche zu schwappen mit all dem gefühlten Erinnern auch nebensächlichster Details.

Der väterliche Schatten

„Nie da, aber immer das letzte Wort" - Diese Problematik des „letzten Wortes" wird oft übersehen, obwohl sie gängige Familienerfahrung ist und zeitweilig noch ärgere Probleme aufwirft als die Abwesenheit des Vaters. Dieses „letzte Wort" beinhaltet Machtausübung, Ignoranz, Unterdrückung, Unterwerfung: Verhaltens- und Handlungsweisen der Väter, die damit ihren heranwachsenden Kindern alle Chancen auf eine eigenständige Entwicklung nehmen. Die Anwesenheit des Vaters ist eigentlich eine Voraussetzung einer adäquaten Entwicklung seiner Kinder, obwohl die physische Präsenz eben nicht ausreicht: Väter müssen psychisch *und* emotional anwesend sein.

Auch wenn das Vater-Sohn-Verhältnis nicht von Missbrauch und Hass bestimmt ist, kann es zu erheblichen Schwierigkeiten kommen, wenn der Vater für den Sohn aus diversen Gründen nicht als positive Identifikationsfigur dienen und damit Selbstfindung und Selbstbewusstsein des Kindes unterstützen kann. Wenn der Sohn sich von der Mutter gelöst hat bzw. lösen muss, sich dem Vater zuwendet und dieser ihm mit Kühle, Strenge und Zurückweisung begegnet, hat das Einfluss auf sein ganzes späteres Leben. Aber oftmals haben auch die Väter divergierende Wesenszüge, also Teilpersönlichkeiten, die sich im besten Falle ergänzen können, aber meistens sehr gegensätzlich sind.

Wenn der Vater nun eine Gegensatzspannung in sich selbst nur schwer vereinen kann, könnte sich diese Zerrissenheit auf seine Kinder übertragen. Sie stehen dann vor der Herausforderung, eine kreative Lösung des väterlichen Dilemmas finden zu müssen, da der Vater vielleicht nur einen Teil von sich lebte und den anderen verdrängte. Die Verletzung unseres Selbstvertrauens, unserer Entfaltung und

Entwicklung durch die fehlende Anerkennung eines rigiden Vaters sind schwer wieder gutzumachen. Wenn wir als Kind in einem wichtigen Lebensbereich durch unseren Vater kritisiert wurden, mangelt es uns nachhaltig an Vertrauen in uns und unsere Fähigkeiten, und wir haben Angst, uns zu blamieren oder Erwartungen nicht zu erfüllen. Diese Fehleinschätzung oder Herabsetzung unserer Anlagen hat einen tiefen Schmerz ausgelöst, der uns verunsichert und uns minderwertig fühlen lässt und behindert somit die Entwicklung unseres Selbstvertrauens.

Diese durch den Vater provozierten Blockaden, verursachen Schüchternheit und Unzulänglichkeitsgefühle, uns kreativ und unserem Wesen entsprechend zu entfalten. Aber auch kompensatorisches Grandiositätsgehabe ist möglich, eine Abwehrhaltung, mit der wir unsere vermeintlichen Schwächen zudecken – aber an uns vorbei leben. Wenn der Vater als aggressiv, hitzig und überaktiv erlebt wird, setzt das heranwachsende Kind nun diesen Wesenszug mit Männlichkeit gleich, was für den Sohn eine nachahmenswerte Haltung bedeuten könnte. Die Tochter entwickelte vielleicht eine gewisse Angst vor diesem Temperament, wird aber nichtsdestotrotz später einen Partner finden – weil sie ihn unbewusst sucht -, der sich ähnlich verhält.

Es gibt Väter, die wirklich nicht einfach zu begreifen sind: Er mag zwar regelmäßig anwesend sein, vermittelt aber das Gefühl, dass er zeitweilig in einer anderen Welt schwebt. Vielleicht lässt ihn der Alkohol dahin entfliehen, oder aber er ist ein sensibler Künstler, der dem Kind in dessen Jugend eine Zauberwelt eröffnete. In der Pubertät wird es dann da herauskatapultiert, weil nun eine Realität wahrgenommen wird, die eben doch anders ist. Allerdings könnte ein besonders empfindsames Kind durch den fantasievollen Vater das erfahren, was auch in seiner eigenen Seele schlummert und dadurch eine positive ihm gemäße Entwicklung nehmen. Es bleibt zu hoffen, dass das Kind in dem Fall noch Anlagen hat, die das reale Leben zu bestehen helfen, so wie wir sie beispielsweise bei C.G. Jung finden.

Was C.G. Jung in seiner Jugend zutiefst bewegte, dazu hatte der Vater, ein Pfarrer, weder Verständnis noch Zugang; er war von Zweifeln zerrissen und auf der Flucht vor sich selbst. Also nicht nur die religiösen Konflikte des Vaters, sondern auch dessen psychologisches Erbe an seinen Sohn. In seiner Autobiografie schrieb Jung: *„Heftigstes Mitleid mit meinem Vater erfasste mich."* Jungs Vaterproblematik wiederholte sich dann auch in seinem Verhältnis zu dem 19 Jahre älteren Sigmund Freud. Jung schrieb: *„Ich empfand Freud als die ältere, reifere und erfahrenere Persönlichkeit und mich wie seinen Sohn."*(C.G. Jung: Erinnerungen, Träume, Gedanken) Auch diese Vater/Sohn-Beziehung endete schmerzhaft und enttäuschend. *„Nichts stirbt, das nicht ausgelebt worden ist; aber was die Eltern nicht ausleben, kann ein geheimes Leben im Unbewussten des Kindes führen und für sein Leben eine entsprechende „schicksalhafte" Bedeutung haben."* (Liz Greene: Kosmos und Seele)

Väter und Söhne

Die Beziehung zwischen Vater und Sohn ist deshalb so immens wichtig, weil sich hier die späteren Beziehungsmuster des Sohnes, seine Identität und die Einstellung bilden, wie er mit Menschen, Macht und Verantwortung umgehen wird. Von ihren kleinen Jungen, die Helden und ein starkes, mutiges Vorbild suchen und brauchen, werden die Väter erst mal idealisiert. In der Pubertät bröckelt das väterliche Idol dann beträchtlich, der Junge findet Widersprüche in Haltung und Aussagen des Vaters und zweifelt an seiner Macht und seinem Wissen. Da der Junge zudem nun in das Alter kommt, in dem er sich eine eigene Meinung bilden wird und muss, sind Konflikte und Machtkämpfe unvermeidbar. Die Auseinandersetzungen in der Adoleszenz sind normal und notwendig, weil sie der Ablösung vom Vater und der Selbstfindung des Sohnes dienen. Doch allzu oft arten sie in Machtkämpfe aus, in denen der Vater rigoros mit Konsequenzen droht, wenn der Sohn sich nicht seinem Willen und seinen Anweisungen fügt.

Aber auch die wohl wollensten aller Väter können in ihrer Erziehung in eine Zwickmühle geraten. Stellen wir uns folgendes Szenario vor: Der Vater bemüht sich, ein im besten Sinne autoritäres Vorbild zu sein, strahlt Souveränität, Schutz und Überlegenheit aus und erzieht vor allem seinen Sohn so, dass der eine ähnliche Stärke entwickelt, sich im Leben durchsetzen und behaupten kann, also die positiven maskulinen Eigenschaften aufweist, die er ihm vorlebt. Nun wäre das Ergebnis schließlich ein ihm ebenbürtiger Sohn, mit dem er allerdings erst mal umzugehen lernen muss, denn er könnte kräftemäßig und intellektuell von ihm sogar noch übertroffen werden. Wenn es sich um einen pseudosouveränen Vater handelt, der immer unbedingt der Beste bleiben muss, dann gibt es unweigerlich Konfrontationen, in denen der Sohn zu unterliegen hat, damit der Vater seine Würde wahren kann.

Ein übermächtiger Vater bedroht mit seinem zerstörerischen Einfluss nicht nur das häusliche Klima, sondern vor allem die Entwicklung seines Sohnes, der dann zum Selbstschutz die Erfahrungen mit einem solchen Vater verdrängen muss, aber später nicht umhinkommen wird, sich diesem Komplex zu stellen. Die intensiven Emotionen und die väterliche Dominanz, die ihm in der Kindheit begegneten, haben ihn sehr empfindsam werden lassen und Wut und Ohnmacht erzeugt. Gefühle, die er nicht zeigen durfte, weil er von seinem Elternhaus abhängig war. Aber diese in ihm gespeicherten Erfahrungen hindern ihn am Leben, verursachen Krankheiten und Beziehungsprobleme. Sie müssen später dringend bewusst gemacht und verarbeitet werden. Die latente Bedrohung durch den verinnerlichten Vater kann auch noch weiter bestehen, wenn er verstorben ist, und die Selbstverwirklichung verhindern.

Wir können unseren Vater als eine übermächtige und autoritäre Gestalt erlebt haben, von der wir uns unterdrückt und verachtet fühlten. Oder wir projizieren eigene innere uns noch unbekannte Wesenszüge auf den Vater und nehmen vor allem diese Teilpersönlichkeit von ihm wahr. Vielleicht spürten wir auch seine eigenen Ängste vor Machtausübung, vor den eigenen dunklen Seiten tief in seinem Innern, einem latent in ihm vergrabenen zerstörerischen Potenzial, das aus seiner missglückten Kindheit stammt. Kräfte, die ihm selbst gar nicht bewusst waren und die, auch wenn nicht mit Schlägen und physischem Missbrauch verbunden, bei uns ankamen als unterschwellige und bedrohliche Energien.

Durch solche frühen Erfahrungen geraten wir selbst später in Gefahr, andere Menschen zu dominieren, herrschsüchtig und zerstörerisch zu wirken, auch uns selbst gegenüber.

Zumindest so lange wir diese eigenen finsteren Wesenszüge oder sporadischen Hassgefühle verdrängt haben. Auch für Frauen, die mit solch einem Vater aufwachsen mussten, wäre eine Klärung dieser Prozesse besonders wichtig, da die Verarbeitung und Bewusstmachung sie vor einem Partner bewahren kann, der genau wie der gefürchtete Vater ist, und das ist wahrscheinlich das letzte, was sie wollen.

Wenn man durch den Vater an permanent brodelnde Stimmungen gewöhnt ist, kommt es vor, dass man sich später unbewusst in ähnliche Situationen begibt, da diese intensive Schwingung einem vertraut ist. Söhne und auch manche Töchter fühlen sich zu Macht ausübenden Autoritäten hingezogen, um – unbewusst – diese Kindheitserfahrungen zu wiederholen. Oder der Sohn heiratet später eine übermächtige Frau, deren Animus mindestens so eine gefährliche und brisante Atmosphäre erschaffen kann wie der Vater.

Licht und Schatten: Hermann Hesse

Das emotionale Klima von Hesses Kindheit war geprägt von seinem pietistischen Elternhaus, den extrem frommen, dogmatischen, sehr strengen Eltern. Man weiß um das Spannungsverhältnis zu seinem Vater, Hermann Hesses Rebellion in der Pubertät, seinen Selbstmordversuch. In manchen Darstellungen über sein Elternhaus wird, wie Matthias Hilbert in seiner Hesse-Biografie schreibt, ein *„postmortaler Rufmord der Eltern"* provoziert.

„Da ist etwa von einem religiösen Wahn der Eltern Hermann Hesses die Rede, von ‚traumatisierenden Erlebnissen seiner Kindheit' und dass die Eltern den Sohn bis in die Nervenheilanstalt und zum Selbstmord getrieben hätten, ja, dass überhaupt das Elternhaus eine geistig seelische Folterkammer dargestellt habe."

Hermann Hesse hat seine Eltern geliebt und verehrt, was in vielen Briefen, Zeugnissen und Dichtungen nachzulesen ist. Das schließt allerdings nicht aus, dass es schon früh Konflikte gab, da Hermann als Kind sehr eigenwillig, trotzig, mit „hohem Tyrannengeist" (Zitat der Mutter), umtriebig und rebellisch war, was in der Pubertät dramatisch eskalieren sollte. Aber auch für die Mutter und besonders den Vater mit seiner psychisch und nervlich labilen Konstitution bedeutete der Sohn eine Herausforderung, der sie nicht gewachsen waren.

In Hesses Kindheit war das „Brechen des Willens" nicht nur durch den Pietismus bestimmt, er gehörte zum Erziehungsstil dieser Zeit. *„Es war das pietistisch-christliche Prinzip, dass des Menschen Wille von Natur und Grund aus böse sei und dass dieser Wille also erst gebrochen werden müsse, ehe der Mensch in Gottes Liebe und in der christlichen Gemeinschaft das Heil erlangen könne…wir lebten unter einem strengen Gesetz, das von jugendlichen Menschen, seinen natürlichen Neigungen, Anlage, Bedürfnissen und Entwicklungen sehr* *misstrauisch dachte...* " *(*Aus „Gedenkblatt" von Hermann Hesses verstorbenem Bruder Hans).

Die dramatische Zeit der Pubertät von Hesse setze ich als bekannt voraus, eine Dauerkrise, in der Hesse sich und die Eltern an den Rand des Erträglichen trieb. H.H. wusste schon sehr früh genau, was er wollte: „*Von meinem dreizehnten Jahr an war mir das eine klar, dass ich entweder ein Dichter oder gar nichts werden wolle...* ". (Hesse: Kurzgefasster Lebenslauf), und alles, was ihn nicht zu diesem Ziel hinführte, erzeugte Rebellion, Depressionen bis hin zum Selbstmordversuch. Der Drang, aus der Fremdbestimmung auszubrechen, wurde übergroß: Der innere „Steppenwolf" begann sich zu formieren.

Durch seine psychoanalytische Therapie bei einem Schüler von C.G. Jung kam er zu der Auffassung, dass er für sein Schicksal selbst die Verantwortung zu übernehmen hätte: „*Wäre ich in einer anständigen religiösen Tradition aufgewachsen, etwa als Katholik, so wäre ich wahrscheinlich zeitlebens dabei geblieben. So aber gehört es zu meiner Herkunft und Bestimmung, dass ich aus einer zwar intensiv religiösen, aber durchaus protestantisch- sektiererischen Tradition herkomme. Und das ist ja nicht zufällig – ich habe das gewollt, ich habe mir selbst diese Herkunft, diese Konfession, diese Belastung mit Sektierer- und Reformationsgeist ausgewählt oder eingebrockt, und wie in der Stunde meiner Geburt Saturn und Mars, Jupiter und Mond gestanden haben, und nichts anderes sein konnte und durfte, so stand auch der fromme pietistische Vater und der protestantische Taufstein für mich bereit.* " (Volker Michels: Materialien zu Hermann Hesses „Siddharta mit Tagebuch 1920/21")

Dies schrieb Hesse im Alter von 43 Jahren, aber bis zu dieser Einsicht war es ein langer Weg. Der Vater wird als „feinnervig, empfindsam-sensibel und grüblerisch" geschildert..., vielfach leidend, manchmal auch zur Melancholie neigend." Allerdings wurde Hesses Vater auch als unerbittlich beschrieben mit einer starken Strenge in religiösen Fragen sich und seinem Umfeld gegenüber.

Es gibt keinen Zweifel, dass Hesse wusste, was er wollte und mit allen Mitteln versuchen würde, sein Ziel zu erreichen. Diese ausgeprägte Alles-oder-Nichts-Haltung musste zwangsläufig zu Konflikten und Spannungen führen, wenn ihm Steine in den Weg gelegt werden. So wie bei vielen Menschen gab es auch bei Hesse immer wieder Zeiten, in denen alles seinem Einfluss entzogen und gegen ihn gerichtet schien.

Sein Vater wollte ihn – wahrscheinlich mit bester Absicht – fürs Leben härten, erkannte aber das empfindsame Wesen seines Sohnes mit den musischen Ambitionen und seinem schöpferischen Potenzial nicht; hinzu kommt, dass Hermann Hesse zu den Hochsensiblen zählt. Das Unverständnis und die Missachtung seiner wahren Natur konnte er nicht ertragen. Durch seine manchmal recht drastischen Abwehrmaßnahmen gegen verletzende Einflüsse schützte er seine feinsinnigen und sensiblen Anlagen.

Seine Gefühlswelt war in Aufruhr, mal aufbrausend, mal verschlossen, und er ließ niemanden mehr erkennen, was wirklich in ihm vorging. Einflussnahme und gegensätzliche Forderungen des Vaters verstärkten noch sein Bedürfnis, eigensinnig nach einem, nach *seinem* Weg zu suchen, Kompromissen misstrauend. Den fand er schließlich im schöpferischen Ausdruck, der Suche nach höheren Wirklichkeiten und Erkenntnis, im Ringen um Ganzheit und Selbstfindung. Mehr und mehr interessierten ihn alles Spirituelle und die Wahrheit hinter der sichtbaren Welt.

Schatten ohne Licht: Franz Kafka

Das Verhältnis von Franz Kafka zu seinem Vater wurde durch eine komplizierte Hass-Liebe bestimmt. Der cholerische Vater behandelte seinen Sohn wie einen Untergebenen, er unterdrückte und dominierte ihn. Diese stark belastende Vaterbeziehung bestimmte massiv Kafkas Lebensweg und hatte einen immensen Einfluss auf sein späteres Werk, das geprägt ist von dieser autoritären Abhängigkeit und den damit verbundenen psychischen Problemen. „Das Urteil" und „Die Verwandlung" verdeutlichen das ganz besonders.

Kafka studierte Jura, um nach der Promotion als Angestellter einer Versicherungsanstalt zu arbeiten. Er war beruflich zwar erfolgreich, aber seine eigentliche Aufgabe sah er zeitlebens im Schreiben. Er entwickelte sich zu einem introvertierten Einzelgänger, hatte starke Depressionen, ein äußerst schwaches Selbstwertgefühl und ließ niemanden wirklich an sich heran. Kafka lebte fast lebenslänglich – aber wie ein Fremder - im Haus der Eltern.

„Das verängstigte Kind hat das Vertrauen in seine Umwelt [durch seinen Vater] *verloren und zieht sich dementsprechend vor ihr zurück. Die wachsende Vereinsamung erzeugt weiterhin Angst, und so entsteht ein Circulus vitiosus, in dem das einmal im Herzen der Persönlichkeit eingenistete Übel mit ihr selbst wächst und größere Dimensionen annimmt."* (Rattner: Ich winselte einmal in der Nacht...)

In dem hoch interessanten Buch von Josef Rattner analysiert er Kafkas „Brief an den Vater", in dem wir nachvollziehen können, wie Kafka seinen Vater liebte und hasste, bewunderte und ablehnte, vor allem unsäglich unter ihm litt. Dass Kafka beziehungsunfähig und ihm eine Eheschließung unmöglich war, lastete er seinem Vater an. Wie Rattner schreibt:
„Kafka wurde zurückgehalten durch seine Lebensangst, deren Ausmaß nicht groß genug gedacht werden kann", und: *„Die Kindheit gibt dem*

Menschen die Probleme auf, die er sein Leben lang zu lösen bemüht ist. Die Beziehungen zu Vater, Mutter und Geschwistern sind die Matrizen, in denen spätere mitmenschliche Bindungen vorgezeichnet sind."

Dieser Brief zeigt uns die verzweifelte Liebe eines psychisch misshandelten Kindes, das trotz aller Demütigungen immer noch auf ein ihn erlösendes Wort oder eine freundliche Geste der Anerkennung seines Vaters hofft. Das einsame Kind erfuhr auch in der Beziehung zu seiner Mutter keinen liebevollen Ausgleich, denn sie fand zu seiner Welt keinen Zugang. Der Vater bestimmte wie ein Patriarch sein Leben, und die Mutter war - wie damals üblich - ganz auf ihren Mann ausgerichtet.

So schrieb er auch in einem Brief an seine Verlobte Felice:
„...Ich lebe in meiner Familie, unter den besten, liebevollsten Menschen, fremder als ein Fremder. Mit meiner Mutter habe ich in den letzten Jahren durchschnittlich nicht zwanzig Worte täglich gesprochen, mit meinem Vater kaum jemals mehr als Grußworte gewechselt." (Franz Kafka: Briefe an Felice)

Kafka erlitt durch die rabiate Behandlung seines Vaters tiefe Wunden: Er wurde kritisiert, herabgesetzt, gemaßregelt und sein Selbstbehauptungswillen, der für eine werdende Persönlichkeit so wichtig ist, wurde schon früh im Keim erstickt. Kafka war seinem übermächtigen Vater ausgeliefert, fühlte sich minderwertig, wertlos und hatte massiv unter dessen unaufhörlichen Vorwürfen und Jähzorn zu leiden. Er beklagt in seinem Brief:
„Ich hatte vor dir das Selbstvertrauen verloren, dafür ein grenzenloses Schuldbewusstsein eingetauscht", und *„So groß ist ja nicht einmal Dein Misstrauen gegen andere, wie mein Selbstmisstrauen, zu dem du mich erzogen hast."*

Wenn man sich fragt, wie Kafka mit all der Wut und Ohnmacht in sich umging, dann findet man die Antwort in seinem Werk. Etwa in der „Strafkolonie", wo seine bizarren

Inszenierungen von Gewalt und Grausamkeit durch diese seine Wut gespeist werden. Dass er bereits im Alter von nur 41 Jahren an Lungen- und Kehlkopftuberkulose starb, ist nicht zuletzt auf seine psychischen Probleme zurückzuführen. Zeitlebens war er von zarter Konstitution und sehr anfällig für Krankheiten.

Sein literarisches Schaffen half ihm zumindest, geistig zu überleben, über sich hinauszuwachsen, sich – trotz aller Widerstände – in seiner Kunst ganz und gar zu entfalten und seine tiefen Konflikte formvollendet zu gestalten. Sein Leben und Werk gleichen dem alchemistischen Prozess: Dreck wird zu Gold, und Leid wandelt sich in die Schönheit geformter Visionen. Doch leider, leider, wie bei so vielen Künstlern, um den Preis eines nur kurzen Lebens.

Väter und Töchter

Kulturgeschichtlich war der Vater stets der Vermittler der geistigen Inhalte des Lebens und stand für Intellekt, Auseinandersetzungen mit der Umwelt, für Sachlichkeit, Stabilität, Disziplin und Mut. Im Idealfall kann seine Tochter dieses positive Vaterbild entwickeln und damit Zugang zu einer ganz anderen Welt, der Welt der „Männlichkeit", erhalten.

Je nach Charakter der Tochter hat sie ein Ideal-Bild ihres Vaters, das er manchmal erfüllt, mit dem er aber oft total überfordert ist. Hier nur ein kurzer Überblick über mögliche Erwartungshaltungen: Er soll Vorbild sein für Stärke, Autorität, ohne autoritär zu sein, für Kompetenz und Führung, ohne auf seinen Werten zu beharren, für Mitgefühl, Sensibilität und Verständnis, ohne schwach zu sein, er sollte seine Tochter auf ihrem Weg unterstützen und stärken, sie loben und stolz auf sie sein, auf ihre Leistung, ihre Klugheit und ihre Schönheit. Sie möchte, dass er zuverlässig und belastbar und immer für sie da ist, wenn sie ihn braucht, und wenn sie ihn nicht braucht, möge er sich im Hintergrund halten, aber dennoch eine schützende Hand über sie halten. Und so weiter und so fort.

Wie sieht aber die Vater-Tochter-Realität aus? Töchter lieben ihren Vater, lehnen ihn ab, hassen ihn sogar, verachten, fürchten oder vergöttern ihn. Diesem ersten Mann ihres Lebens sind sie ausgeliefert, und sie hängen an ihm – noch. Je älter sie werden, umso deutlicher wird sich zeigen, ob sie ihn idealisieren müssen, um nicht abgrundtief enttäuscht von dem realen Vater zu sein, ob sie ihn als stärkend, tyrannisch, liebevoll oder widerwärtig empfinden. Denn: den perfekten Vater gibt es nicht, aber auch nicht die perfekte Tochter, und so begegnen sich zwei unvollkommene Menschen, die dennoch aneinander gebunden sind. Die geglückte oder misslungene

Fortsetzung dieser „Geschichte" finden wir dann in den Partnern oder Ehemännern der Töchter, denn die Einstellung der Töchter zu Männern orientiert sich nun mal an der ursprünglichen Beziehung zum Vater.

Wie der Vater auch ist oder war, spätestens in der Pubertät müssen sich die Töchter von ihm ablösen: eine schwierige Phase, mit der auch der Vater nicht umgehen kann, denn er sieht seinen Einfluss schwinden und fürchtet, sie nun völlig zu verlieren. Hinzu kommt noch die Unsicherheit angesichts der Entwicklung „seines kleinen Mädchens" zu einer Frau. Misslingt dieser Ablösungsprozess, dann bleibt die Tochter auf dieser Entwicklungsstufe stecken. und auch der Vater vollzieht seinen notwendigen Reifungsschritt nicht.

Die Tochter muss sich jetzt neu definieren, und zwar eben nicht wie bislang durch den Vater oder später durch ihren Partner bzw. Ehemann. Wenn Frauen oder erwachsene Töchter nach *ihrer* Meinung zu was auch immer gefragt werden, sollten sie den Satz: „Mein Vater/Mann hat gesagt..." aus ihrem Repertoire streichen. Er ist eine intellektuelle Armutsbezeugung, ein Unreife-Zeugnis!

„Sind wir zu wenig abgelöst, dann leben wir unser Leben unter den immer gleichen Befürchtungen und mit den immer sich gleichenden Erwartungen, die irgendwie an der Realität vorbeigehen... Diese Bereitschaft, immer wieder neu geboren zu werden, wäre die Bereitschaft, immer wieder die Gewohnheiten, die sich aus den vertrauten Komplex-prägungen ergeben, in Frage zu stellen; es bedeutet aber auch Sicherheiten aufzugeben.

Mut, sich von anderen Menschen zu unterscheiden, sich immer wieder zu trennen und sich neu wieder einzulassen... Oft ist dazu ein Entschluss nötig: sich einfach auch einmal auf die eigenen Gefühle zu verlassen, auf das eigene Denken, auch wenn nicht ausgemacht ist, dass sie nun wirklich stimmen." (Verena Kast: Vater-Töchter, Mutter-Söhne) Wenn Töchter einen positiven Zugang zu der Welt des Männlichen finden wollen, müssen sie sich mit ihr konfrontieren. Töchter können nur gewinnen, wenn sie ihr Bild vom Männlichen aufarbeiten, denn sie brauchen eine männliche innere Instanz (ihren Animus), die ihnen Mut, Stärke und Selbstvertrauen gibt. Es ist nie zu spät, dieses männliche Bild in sich selbst zu entdecken und zu entwickeln.

Wenn die Beziehung zum Vater durch seine Machtausübung und eventuellen Missbrauch den Lebensweg verheerend beeinflusst hat, ist man ratlos, wie man die Verwundungen heilen könnte. Es ist von vorrangiger Bedeutung, sich von der über Jahre unterdrückten Wut zu befreien. Wenn man mit der unerlösten Wut der Vergangenheit spätere Beziehungen eingeht, wird diese sich gegen den Partner richten und Unheil anrichten. Auflösung, Verwandlung bzw. Sublimierung der Vaterbindung ist erst möglich durch eine intensive Trauerarbeit mit all ihren Verzweiflungen und Tränen.

Eine Tochter muss also die Folgen einer mangelnden Väterlichkeit auf ihr Leben verstehen lernen. Wenn die Erfahrungen nicht traumatisierend, sondern von den „normalen" Unvereinbarkeiten und Verletzungen bestimmt waren, kann sie versuchen, eventuell mit therapeutischer Hilfe, die destruktiven Muster in sich aufzulösen. Wenn man seinen Vater nur ablehnt, leugnet man damit auch seine positiven Eigenschaften (kein Mensch ist nur schlecht). Ansonsten liegen viele Bereiche ihres Lebens brach oder bereiteten ihr Probleme: Ihre Beziehung zu Männern, ihr Selbstvertrauen, ihre Weiblichkeit, Kreativität und Sexualität. Eine Frau, die von dem männlichen Aspekt ihrer Psyche abgeschnitten bleibt, ähnelt insofern ihrem Vater, als dieser den weiblichen Aspekt seiner Psyche nicht integrieren konnte. Und das sollten wir vermeiden uns anzutun!

Sind wir nun vom Schicksal ein für alle Mal geschlagen, wenn wir an einen Vater gerieten, der für unsere Entwicklung eher schädlich als förderlich war? Können diese zugefügten Verwundungen überhaupt jemals geheilt werden? Zunächst werden wir den Vater für alles Negative und Ungute verantwortlich machen, Schuldzuweisungen sind eine gängige Reaktion, nur klären sie nichts.

Im Laufe der Jahre, wenn wir es wagen, uns mit etwas Distanz der Ursache der missglückten Vaterbeziehung zu nähern, können wir vielleicht erkennen, dass unser Vater eventuell durch seine eigene schwierige Kindheit und bittere Erfahrungen zu einem Menschen wurde, der er nie sein wollte und ihm selbst Wunden zugefügt wurden, die er nicht heilen konnte. Er hatte vielleicht keine Chance zur Entwicklung seiner positiven Männlichkeit, geschweige denn seiner inneren weiblichen Seite und den damit verbundenen warmen und weichen Gefühlen.

Vielleicht führen diese Überlegungen dazu, unseren Vater nicht gänzlich zu verurteilen. Auch wenn ihm jegliches Verständnis für uns fehlte, könnten *wir* lernen, ihm mit verständnisvoller Nachsicht zu begegnen. Durch diese innere Haltung würden wir befreiter, zufriedener und innerlich friedlicher leben.

Fallbeispiel: Jane und Henry Fonda

Schauen wir uns nun die Vater/Tochter-Beziehung von Henry und Jane Fonda an. Vater Henry, der große Schauspieler, interessierte sich kaum für seine Kinder (neben Jane der jüngere „Easy Rider"-Bruder Peter). Das Verhältnis aller Fondas zueinander war geprägt von Spannungen und Zerwürfnissen, und Jane rebellierte später gegen alles, was Väterliches symbolisierte. Vater Henry war nie zu Hause, ein Arbeitsbesessener, der vor seiner Familie floh, kühl und distanziert mit seinen Kindern umging; ein Einzelgänger und ziemlich untauglich als Vatervorbild! Jane erlebte also ihr Drama eines ungeliebten Kindes.

Jane Fonda reagierte auf ihren Vater schon früh mit Emanzipationsversuchen, sie wurde aufsässig und Anfang der 60er Jahre hatte Henry schon keinen Einfluss mehr auf sie. Sie wurde eine Kämpferin für soziale Gerechtigkeit, eine linke Politaktivistin, engagierte sich gegen den Vietnam-Krieg und nahm unermüdlich an Demonstrationen und Aktionen teil. So versuchte sie, sich aus Rollenzwängen zu befreien, die von männlichen Autoritätsfiguren definiert wurden. Die drei Ehemänner Roger Vadim, Tom Hayden und Ted Turner wollten sie nach ihrer Vorstellung formen und führten mit ihr eine Art von Pygmalion-Beziehung. In ihren Ehen holte sie der Vater also wieder ein. Jane sagt zu ihrer Vaterproblematik:
„Anfangs betet man ihn bedingungslos an, glaubt ihm jedes Wort. Dann folgt die Phase, in der man entdeckt: Mein Gott, wie viele Fehler er macht und gibt ihm die Schuld für die eigenen Probleme. Drittens gibt es eine Periode, in der ich ihn völlig verdammt habe – als Rechtfertigung für die eigene Identitätsfindung. Viertens erreicht man Reife, wenn man die Beziehung zum Vater objektiv beurteilen kann. Er hat Fehler gemacht, aber, zum Teufel, niemand ist vollkommen." (Andreas Kern: Die Fondas)

In dem 1981 gedrehten Film „Am goldenen See" standen Vater und Tochter erstmals gemeinsam vor der Kamera. Die in diesem Film inszenierte Annäherung zwischen Vater und Tochter blieb Film und realisierte sich nicht im wirklichen Leben. Eine Änderung des Bewusstseins vollzog sich lediglich in ihr selbst, nicht in ihm.

Janes Fondas Kampf mit ihrem Vater ist im Grunde vorbildlich für jede Tochter, die ähnliches erlebt hat. Und eine Hoffnung, es auch zu schaffen!

Die unterschiedlichen Vatertypen

Eine Vater/Tochter-Beziehung hat viele Facetten. Sehen wir uns also einige Vatertypen einmal genauer an.

Der *abwesende* Vater ist vielleicht physisch präsent, aber gefühlsmäßig und gedanklich nicht anwesend, sodass sich seine Tochter nur schlecht an ihm orientieren kann. Er ist eher eine graue Eminenz, die ihr innerlich fern bleibt, und so kein positives Vorbild für eine spätere Partnerschaft. Eine durch Trennung der Eltern hervorgerufene Abwesenheit ist schmerzhaft und oftmals traumatisch. Viele dieser Trennungs- oder Scheidungskinder sind zutiefst unglücklich und innerlich zerrissen. Wenn Töchter von Geburt an ohne einen Vater aufwachsen mussten, die Mutter aber sehr liebevoll von ihm spricht und ihr erzählt, wie sehr er sein Kind geliebt hätte, kann die Tochter eine imaginäre Beziehung zu ihm aufnehmen, ob idealisiert oder nicht: Er könnte – trotz realer Abwesenheit - eine Bereicherung und positive Bestätigung für sie sein.

Die größten Probleme bereiten *autoritäre* Väter: Weder Junge noch Mädchen wissen, wie sie mit ihm umgehen sollen, da er erwartet, dass „sein Wort Gesetz" ist. Er will bestimmen und über seine Kinder hinweg entscheiden, verlangt Gehorsam, ist oftmals sehr streng, hart und legt Wert auf Disziplin und Pflichtgefühl. Ein autoritärer Vater, der bei der geringsten Gehorsamsverweigerung sein strafendes Gesicht zeigt, ist eine negative Hypothek fürs Leben. Durch dieses „Vorbild" können Töchter selbst hart werden, aber auch rebellisch und immer oppositionell. Meist haben sie Probleme mit ihrer Gefühlswelt und der Entwicklung ihrer weiblichen Eigenschaften.

Das Gegenteil eines autoritären Vaters finden wir in dem *weichen* Vatertypus. Die meisten Töchter werden ihren weichen

Vater lieben, denn er ist nachsichtig und gefühlvoll, oftmals sogar sensibel, aber auch manipulierbar. Ob das allerdings für die Entwicklung der Tochter immer vorteilhaft ist, bezweifle ich. Wenn sie durch ihn erfährt, dass sie mit Schmusen, Schmollen und ihn offensichtlich rührenden Tränen ihr Ziel erreicht, wird sie diese Verhaltensweisen auch im späteren Leben einsetzen – und scheitern, denn damit gewinnt man keine Lebenskämpfe. Der weiche Vater kann einen langen Schatten werfen, der die Tochter bis ins Erwachsenenalter verfolgt, obwohl er doch vordergründig „so lieb" war.

Oft ist er ein sensibler Künstler (auch Lebenskünstler), der sich selbst und somit auch seiner Tochter keine Grenzen setzt. Ein ähnlicher Typus wird als „puer aeternus" bezeichnet, der ewige Jüngling, dem es an Selbstdisziplin fehlt, der Konflikten aus dem Weg geht und Verantwortung scheut. Er ist oft ein musischer, liebenswerter und inspirierender Vater, der mit seinem Charme zwar alle einwickelt, nur sich selbst nicht entfaltet. Wahrscheinlich wird er keinen großen Schatten auf die Kindheit seiner Tochter werfen, sie aber andererseits auch nicht fürs Leben stärken, worunter sie später dann eben doch zu leiden hat.

Bei einem *unberechenbaren* Vater weiß man nie, wann oder ob er kommt, und wenn er da ist, wie lange er bleibt und was als nächstes passiert. Eine Tochter kann das zwar zeitweise als aufregend und interessant erleben, ihr auf Dauer aber das Gefühl vermitteln, dass Männer eben so sind: Unzuverlässig, unberechenbar, enttäuschend, aber auch voller Überraschungen und Originalität. Er hat tolle Ideen, ist meistens unkonventionell, selten sehr konsequent, also ein Unsicherheitsfaktor im Leben der Tochter.

Oftmals bewundern Töchter diesen etwas ungewöhnlichen Vater, der sich auch von den (eher langweiligen) Vätern ihrer Freundinnen unterscheidet, *weil* er eben so anders und von exotischer Aura umgeben ist. W*enn* er da ist, wird das Leben aufregend und bunt. Wahrscheinlich „fliegt" die Tochter später auf solch einen interessanten Typus, aber sie handelt sich damit auch dessen schwierige Eigenschaften ein.

Ein *beschützender* Vater meint es gut, vielleicht *zu* gut! Es mag sein, dass er in seinem Leben Krisen durchleben und Erfahrungen machen musste, die er jetzt seiner Tochter ersparen will. Mit dieser Beschützerrolle jedoch könnte er von seiner „Kleinen", auch wenn sie schon groß ist, ein konsequentes Handeln verhindern und ihr Verantwortungsbewusstsein untergraben. Die Tochter wird später in brenzligen Situationen auf einen Retter warten, auf eine schützende Hand, die sie ihrer Verantwortung enthebt und alles wieder glättet. Selbstverständlich ist es eine der väterlichen Aufgaben, die Tochter zu beschützen. Er sollte sie aber im Laufe der Kindheit auch darauf vorbereiten, dass sie sich dem Leben mit all seinen Gefahren und Schwierigkeiten selbst stellt und lernt, diese allein zu bewältigen.

Meistens kommen die Vatertypen in Mischformen vor, sodass wir einerseits mit einem autoritären Vater zu kämpfen haben, den wir vehement ablehnen, doch dann werden an ihm weiche Seiten sichtbar, die uns verwirren. Oder er ist im Grunde liebevoll, aber manchmal unberechenbar und unzuverlässig, sodass wir uns durch diesen krassen Wechsel irritiert fühlen.

Der sexuelle Missbrauch

Die grausamste, traumatisierendste und demütigendste Form von Missbrauch ist der Inzest. Sexueller Missbrauch ist nicht allein auf Penetration beschränkt, sondern bezieht sich auf alle sexuellen Annäherungen eines Erwachsenen dem Kind gegenüber. Dazu gehören auch obszöne Reden, sexuelle Andeutungen und ebenso die Überschreitung von Intimitätsgrenzen und Nichteinhaltung der Privatsphäre des Kindes. Missbrauch kommt in allen sozialen Schichten vor, selbst bei Männern der Kirche, ein perfider Missbrauch, denn dort wähnen Eltern ihre Kinder sicher!

Sie werden mit Drohungen und emotionaler Erpressung zum Missbrauch gezwungen, dürfen unter Strafandrohung über die begangenen Untaten nicht reden. Und die meisten schweigen tatsächlich, aus Scham und Schuldgefühlen und der Überzeugung, dass ihnen sowieso niemand glaubt. Wenn die Mutter an diesem Geschehen zumindest indirekt beteiligt ist, treibt sie die Kinder in eine weitere Isolation, aus der sie keinen Ausweg finden. Man kann es sich kaum vorstellen, dass eine Mutter von der jahrelangen missbräuchlichen Gewalt an ihrer Tochter nichts geahnt haben soll.

Die einzige Möglichkeit, mit dieser Traumatisierung überleben zu können, ist die Ich- Spaltung, ein Schutz- und Abwehrmechanismus in dieser für das Kind lebensbedrohlichen Situation. Denken und Fühlen werden abgespalten und erzeugen einen oftmals lebenslänglichen Erinnerungsverlust. Je schwerer das Trauma erlebt wurde, desto wahrscheinlicher ist es, dass der Gedächtnisverlust bestehen bleibt. Die Erfahrungen wirken allerdings aus dem Unbewussten und erzeugen panikartige Emotionen, wenn ein Gespräch auf Sexualität kommt oder sich ihnen ein Mann in eindeutiger oder sogar harmloser Absicht zu sehr nähert.

Den Betroffenen ist diese Dissoziation nicht unbedingt anzumerken, man kann ihren verdeckten Schmerz zunächst nicht erkennen. Als ich Eva, die uns nachstehend ihre Geschichte erzählt, kennen lernte, war ich bei ihrem sonst munteren Wesen irritiert über den Ausdruck ihrer Augen: Sie waren leer und irgendwie fern, und echte Gefühlsregungen suchte man bei ihr vergebens. Diese emotionale Abwesenheit konnte ich damals nicht deuten. Als ich ihr später aus einer Eingebung heraus ein Buch über die Inzestgeschichte eines Vaters an seinen drei Töchtern zum Lesen gab, brach die ganze grausame Vergangenheit zunächst in Träumen und in realen Erinnerungsfetzen aus ihr heraus.

Inzestopfer brauchen professionelle Hilfe, einen empathischen Therapeuten, aber auch entsprechende Gruppen, um mit Hilfe von Betroffenen Wut, Scham und Schuldgefühle aussprechen zu lernen. Die Arbeit mit der Wut, den seit Jahren angesammelten Zorn, wird einen großen Raum einnehmen und besonders schmerzhaft sein. Der nachfolgende Trauerprozess beinhaltet Abschiednehmen von allen Illusionen und Idealisierungen, die sich so hartnäckig gehalten haben. Trauern um eine verlorene Kindheit, um die Liebe der Eltern, um den Verlust an Lebensfreude und gesunder Sexualität.

Inzestopfer:
Eva erzählt ihre Geschichte

Es begann damit, dass meine beste Freundin mir das Buch "Kindheitsschatten" zum Lesen gab. Daraufhin träumte ich: "Ich liege als Säugling im Stubenwagen. Plötzlich beugt sich ein Mann über mich. Der Schatten von ihm wird immer größer, und ich schreie, schreie und schreie, bis dieser Schatten wieder verschwindet."

Zur gleichen Zeit – mit 39 Jahren – begann ich meine erste Therapie und erzählte natürlich diesen Albtraum. Die Therapeutin machte rückführende Entspannungsübungen mit mir, und es tauchte eine Erinnerung auf, die mich schon den ganzen Tag begleitet hatte. Dann ging es „Schlag auf Schlag":

Der sexuelle Missbrauch durch meinen Vater wurde aufgedeckt. Ich sah Bilder, in denen mein Vater im Keller auf mir lag, zwischen uns nur eine alte, feuchte Decke; er berührte mich an meinen Genitalien, was ich einerseits als reizvoll, gleichzeitig aber abstoßend empfand. Außerdem hatte ich das Gefühl, aus meinem Körper auszusteigen, als wenn eine andere Person über dem Geschehen schwebte. Beim Zurückerinnern verschwimmen die Bilder etwas. Ich wollte das alles nicht wahrhaben und sagte zu meiner Therapeutin: „Das bin ich nicht". Aber sie antwortete, dass nur jemand, dem so etwas passiert sei, auch solche Bilder sehen könne.

Ich schrieb meinem Vater einen Brief und forderte eine Erklärung für diese Aufdeckungen. Nach 6 Wochen erhielt ich von meiner Mutter eine Antwort: Keine Aufklärung, Verständnis oder Wut über die Anschuldigung, sondern nur eine besprochene Kassette über wunderschöne Bilder meiner

Kindheit, außerdem Bücher, die das Thema hatten, in eine positive Zukunft zu blicken.

Bei weiteren Entspannungsübungen kam es dazu, dass ich meinen Vater symbolisch in der Luft zerriss. Ich habe heute die Vermutung, dass es zu der Zeit nur vom Verstand aus passierte und nicht vom Herzen mit all seinen Schmerzen. Danach rückte meine Mutter ins Blickfeld, denn sie hatte ja bei dem allen tatenlos zugesehen. Als Kind flüchtete ich mich früher immer in Märchen; jetzt halfen mir die 7 Zwerge von Schneewittchen, die Maske vom Gesicht meiner Mutter herunter zu reißen. Das Gesicht dahinter habe ich gezeichnet, es schauderte mich, und ich konnte es lange nicht ansehen.

Ich stellte erst mal den Kontakt zu meinen Eltern ein, bis meine Kinder zwei Jahre später in den Herbstferien dort hinfuhren. Nach diesen Ferien rief meine Mutter an und teilte mir mit, dass mein mittlerer Bruder ins Koma gefallen wäre. Im März des folgenden Jahres verstarb er. Dadurch entstand wieder vermehrt Kontakt, und ich deckelte alle Gefühle mit Essen zu.

Anderthalb Jahre danach erkrankte ich an Gebärmutterhalskrebs. Meine Eltern fuhren erst in Urlaub, bevor sie mich auf dem Rückweg besuchten. Es war entsetzlich: Mein jüngster Bruder erzählte, unsere Mutter hätte ihm gesagt, sich vor dem Sex zu waschen, sonst würde seine Frau auch so krank wie ich. Ich war froh, in einem Rollstuhl zu sitzen und nicht neben meinen Eltern, so verängstigt und empfindsam war ich inzwischen geworden. Aber an Wut war gar nicht zu denken bei mir. Nein, Wut habe ich nie verspürt.

Anfangs baute ich eine Mauer auf und nahm gar nicht wahr, wie schwer krank ich war. Nach neun Wochen Krankenhausaufenthalt, drei Chemotherapien und zwei Kuren begann ich die nächste 3-jährige Einzelgesprächstherapie. Ich fand einen Jungschen Psychotherapeuten, fühlte mich auch sehr aufgehoben und angenommen. Wir machten auch Rückführungen, die mir eine Erklärung für den Missbrauch aus karmischer Sicht geben sollten: Ich, ein Gutsbesitzer, habe meinen Vater, der in einem früheren Leben ein kleines Mädchen war, ermordet.

Sicherlich habe ich mich durch diese Therapie auch weiter entwickelt, wobei mir später klar wurde, dass der Therapeut für mich als missbrauchte Frau, die auf Heilung und Verständnis hoffte, nicht der richtige war. Eine seiner typischen Aussagen war: „Ihre Mutter hat Sie unter Schmerzen geboren, Sie müssen für sie Verständnis haben." Zwei Jahre später habe ich dennoch eine zweite Therapie bei ihm begonnen, da ich dem psychischen Dauerstress während einer Umschulung nicht gewachsen war. Diese Therapie dauerte aber nur ca. 2 Monate, denn ich brach die Umschulung ab, und gleichzeitig wurde mir klar, dass die Therapie keinen Sinn mehr machte

Und selbst nach so vielen Jahren – ich bin jetzt 63 Jahre alt - ist der Missbrauch noch nicht aufgearbeitet. Ich arbeite weiter daran, meiner Wut etwas näher zu kommen, aber das ist so schwer, weil ich sie nie habe zulassen dürfen und sie leugnete. Ab und zu spüre ich sie in mir. Ich bin in Behandlung bei einer Heilerin und nehme auch an Familienaufstellungen teil. Ich hoffe, dass ich eines Tages an meine Gefühle herankomme. Dann werden vielleicht auch meine Ess- und Kaufsucht überwunden.

Geschwisterbeziehungen

Jedes einzelne Geschwister wird in eine einmalige Familienkonstellation hineingeboren. Die Ehe der Eltern oder deren Lebenssituation bestimmt mit, ob sich das Kind abgelehnt, geborgen oder geliebt fühlt. Die Beziehung der Eltern zueinander und die emotionale und psychische Situation zum Zeitpunkt der Geburt haben auf das Neugeborene einen ausschlaggebenden Einfluss. Schon hier konstelliert sich, ob es ein Liebling von Vater oder Mutter wird, ob es liebevoll in die Familie integriert und gleichwertig behandelt wird. Die Kinder, die in Zeiten von Ehekrisen oder schweren existenziellen Problemen geboren werden, haben es ungleich schwerer als die zu einem „günstigeren" Zeitpunkt geborenen Geschwister, und hier beginnt schon die Ungleich-Behandlung oder, wenn man so will, die schicksalhafte Ungerechtigkeit.

Geschwistern können wir nicht entkommen, diese längsten Beziehungen eines Lebens haben wir uns nicht ausgesucht, sie wurden uns geschenkt oder zugemutet. Wie auch immer sich Geschwisterbeziehungen entwickeln, wir begegnen ihnen niemals mit Gleichgültigkeit, auch wenn es nach außen den Anschein hat – oder gerade dann.

Wie meine Fragen an andere Geschwisterkinder zeigen, lässt das Thema niemanden unbeteiligt. Manchmal kamen Reaktionen von spontaner Sympathie oder totaler Ablehnung, sehr oft jedoch hörte ich ein abweisendes: „Meine Schwester bzw. mein Bruder existiert für mich nicht mehr, unsere Beziehung ist beendet." Manchmal wurde dieser Satz begleitet von einem wütenden Aufblitzen in den Augen oder einem etwas hilflosen Achselzucken. Wenn ich dann tiefer forschte, zeigten sich fast immer all der verdrängte Zorn und die an die Oberfläche steigenden Emotionen, die vor allem eines signalisierten, dass nämlich - trotz Abwehrhaltung - die Beziehung noch lange nicht beendet ist.

Auch wenn die Forschungsergebnisse der Geschwister-"Hierarchie" widersprüchlich sind, so ist doch nicht zu leugnen, dass die Geburtenfolge sehr oft die Kindheitsrolle festlegt. Unter den Erstgeborenen finden wir sehr häufig den Verantwortungsbewussten, den Helden, die Vernünftige. Es bleibt allerdings fraglich, ob diese Erstgeborenen mit einem Segen oder Fluch behaftet sind, denn alle Projektionen der Eltern bleiben an ihnen hängen, und sie stehen sehr stark unter Erfüllungszwang und Leistungsdruck. Sie sind außerdem der Gefahr ausgesetzt, dass sie sich durch die Geburt eines Geschwisters entthront, vernachlässigt und nicht mehr geliebt fühlen.

Hier ist eine hohe Sensibilität der Eltern notwendig, um diese destruktiven und schmerzhaften Gefühle liebevoll in die richtige Bahn zu lenken, denn sonst können sie das ganze Leben beeinflussen. Die zuerst von Freud formulierten „Todeswünsche" (für dieses zweitgeborene Kind) wurden von ihm später relativiert und zu „Verschwindewünschen" deklariert, da einem kleinen Kind Vorstellungen vom Tod noch gar nicht bekannt sind.

Die Zweitgeborenen, das „Sandwich-Kind", falls noch ein Geschwister nachkommt, ist von Natur aus stiller, da es nicht gewohnt ist, im Mittelpunkt der Aufmerksamkeit zu stehen: Sobald das nächste Kind geboren wird, gerät es sowieso ins Hintertreffen. Das letzte Kind, das so genannte Nesthäkchen, hat insofern oftmals den Vorteil, dass die Eltern viel entspannter und in ihren Erziehungsmethoden, mit ihren Ängsten und Sorgen viel gelassener sind. Aber – je nach Geschwisterzahl – erhält das Jüngste auch nicht mehr so viel Beachtung und Fürsorge.

Das Einzelkind steht im Mittelpunkt, es zieht alle Erwartungen auf sich, lernt nur zu teilen, wenn die Eltern darauf achten, es erlebt die Übermacht der Eltern massiver, kann sich mit niemandem verbünden, Selbstbehauptung und Konfliktfähigkeit sind oft nicht stark genug ausgebildet etc. Das in der Kindheit angenommene Rollenverhalten bestimmt auch späterhin unsere Verhaltensmuster. Da wir uns in unserer Rolle so vertraut fühlen, als Verantwortungsvolle, als Kümmerer, als Hilflose etc., bleiben wir gerne an ihr haften, auch wenn sie längst überholt ist, nicht mehr zu uns passt und somit unsere weitere Entwicklung behindert.

Mit besonderen Konflikten müssen wir rechnen, wenn eine uns in der Kindheit zugewiesene Rolle gar nicht unserem Temperament und Charakter entspricht. Stellen wir uns vor, der Erstgeborene ist ein musisch-romantischer Typus mit wenig Bezug zu realen und praktischen Belangen, und dieser ist nun auserkoren, später das Geschäft seines Vaters zu übernehmen. Um frühzeitig Verantwortungsbewusstsein zu lernen, kann er sich schon mal um seinen jüngeren Bruder und die Werkstatt kümmern, den Vater unterstützen etc. Auf Überforderung und Ausübung von Druck könnte das Kind mit Trotz, Protesthandlungen und -haltungen reagieren und zum „schwarzen Schaf" werden. Schließlich dient es der ganzen Familie als eine Projektionsfigur, die die Ängste und unterdrückten Aggressionen der Familienmitglieder ausagiert.

Eine der größten Sünden der Erziehenden scheint Ungerechtigkeit zu sein, für die Kinder bereits ein ausgeprägtes Sensorium haben. Eine Verletzung des Gerechtigkeitsgefühls oder ungleiche Behandlungen der Geschwister sind und bleiben oftmals ausschlaggebend für die Gefühle der Kinder zueinander.

Sie können solch destruktive Ausmaße annehmen, dass eine Verständigung nicht mehr möglich zu sein scheint und bis ins hohe Alter nicht vergessen wird. Sie erzeugen Rachegefühle und Hass, Unversöhnlichkeit und provozieren seelische und psychosomatische Wunden, die schwer heilen. Häufiger allerdings sind Geschwisterbeziehungen mit Streit und Konflikten, sporadischer Ablehnung und wüsten Beschimpfungen. Diese Zankereien sind aber bald wieder vergessen, und man verbündet sich miteinander oder gegen die Eltern, vertraut sich Geheimnisse an und schützt sich gegenseitig vor realen oder eingebildeten Gefahren.

Wenn die Eltern eines ihrer Kinder bevorzugen, weil ihnen dessen Wesenszüge mehr liegen, könnte das zu Rivalitäten der Kinder untereinander führen und destruktive Gefühle bei den nicht so gelobten und beachteten Geschwistern auslösen. Kompensatorisch könnte sie dies auch zu besseren Leistungen anstacheln, aber meist verbleibt eine negative Grundeinstellung.

An den bitteren Gefühlen über einen ungerechten oder ungleichen Lebensweg sind fast immer die Eltern schuld, oft machen sie mit ihrem bewertenden Erwartungsverhalten gravierende Fehler. Wir könnten eigentlich davon ausgehen, dass in einer gut situierten Familie jedes Kind die gleichen Chancen hat, aber in der Realität stimmt das eben nicht. Ein Akademiker muss keineswegs glücklicher sein oder werden als ein Handwerker. Alles ist eine Frage der Wertigkeit, die eben oftmals falsch von den Eltern vermittelt wird, sodass sich z.B. der Handwerker-Sohn minderwertiger vorkommt, weil ihm das suggeriert wird. Kinder aus unterschiedlichen gesellschaftlichen Schichten können sich trotz ihrer verschiedenen Veranlagungen, Interessen und auch Freundeskreise gut verstehen, wenn man sie nicht falsch programmiert.

Geschwisterbeziehungen gestalten sich zwischen Liebe und Hass, Neid und Eifersucht, Vertrauen und Rivalität. Warum sich manche Geschwister wunderbar verstehen und lebenslänglich miteinander eng verbunden sind und warum sich viele Brüder und Schwestern in Streitigkeiten und Rivalitätskämpfe bis hin zu schlimmen seelischen Verletzungen verstricken, wird für die Eltern – und im Nachhinein für alle Beteiligten – ein Rätsel sein und bleiben.

Geschwister unterscheiden sich in Alter, Temperament, Talenten, Gefühlen und Aussehen. Bei manchen verspüren wir von Beginn an eine Wesensgleichheit. Bei anderen sind wir fasziniert oder irritiert durch ihre Andersartigkeit. Nur eines scheint es nicht zu geben: Dass sie uns völlig kalt lassen. Kein Wunder, da in der Kindheit die Gefühle (und nicht der Verstand) ausschlaggebend sind.

Zum Aufbau der eigenen Persönlichkeit und Identitätsfindung muss man lernen, sich neben ihnen zu behaupten, sich von ihnen abzugrenzen, zu teilen und zu helfen. Wir stellen fest, wo wir uns unterscheiden, wie wir gerne sein würden oder eben auch nicht, wir rivalisieren und solidarisieren uns. Gerade in der frühen Kindheit werden die Fundamente für unser späteres Leben gelegt, und so haben hier unsere Persönlichkeitsstruktur und die Formung unseres Charakters ihren Ursprung.

Unsere Geschwister beeinflussen unser späteres Beziehungsverhalten nachhaltiger als wir uns dessen bewusst sind. Wahrscheinlich kennt jeder die Aversion gegenüber jemandem, der uns an unseren ungeliebten Bruder erinnert. Äußere Ähnlichkeiten, ein Lachen, das uns ja so bekannt vorkommt, Gestik, Mimik registrieren wir und projizieren dann unsere Zuneigung oder Abneigung in den anderen. Auch ist es nicht selten, dass man schließlich einen Partner heiratet, der große Ähnlichkeit mit dem Lieblingsgeschwister hat. Wenn sich ein Geschwister ständig verletzt und übermachtet fühlt, nisten sich bei ihm Gedanken der Rache ein: Eines Tages zahlt man es ihnen heim – und sei es erst in vielen Jahren. In Beziehungen entwickelt man ein ähnliches Muster, sobald das Verhalten des Freundes oder Partners einen an das Geschwister erinnert. Der Betroffene wird vermutlich nie erfahren, warum ihm das widerfährt.

Für die schönen und bereichernden Geschwisterbeziehungen sollte man voller Dankbarkeit und Freude sein und sie wie ein Geschenk behandeln. Auf der anderen Seite gibt es realistisch betrachtet Geschwister, mit denen man einfach nicht umgehen kann oder auch nicht (mehr) will, weil die zahlreichen tiefen Konflikte sich nicht auflösen lassen. *Verwandte* Seelen können uns überall begegnen, wir sind frei, sie uns - im Gegensatz zu unseren Geschwistern - selbst zu wählen.

Was ist Hochsensibilität (HSP)?

Die Hochsensibilität wurde erst ab den 1990er Jahren bekannt und von der amerikanischen Psychologin Elaine Aron - zusammen mit ihrem Mann – erforscht und beschrieben. Sie führte den Terminus „Highly Sensitive Person" (HSP) ein. In umfangreichen Untersuchungen stellte sie fest, dass es sich hier nicht um eine subjektive Befindlichkeit, sondern um eine vererbbare Veranlagung handelt, die auch schon mal eine Generation überspringen kann. Aus ihren Studien geht hervor, dass ca. 15 – 20% der Menschen hochsensibel sind.

Zur Hochsensibilität gehören zum Beispiel neben einer schnellen und detaillierten Beobachtungsgabe auch eine ausgeprägte Intuition, Feinfühligkeit, Empathie und Mitgefühl, ein übergroßes Ahnungs- und Einfühlungsvermögen in andere, das einem manchmal wie Hellseherei erscheint. Trotz aller Gemeinsamkeiten sind Hochsensible nicht in eine Schublade zu stecken: Jeder hat seine Stärken, Schwächen, Eigenheiten und individuellen Charakterzüge. Es gibt introvertierte und extravertierte Hochsensible, schüchterne und fröhliche, depressive und sehr aktive, ängstliche und unerschrockene. Aber ein Hochsensibler erkennt seinesgleichen ziemlich schnell: der scheue Blick seiner Augen, die Art, eine freundliche Frage zu stellen, die ungewöhnliche Formulierung eines Satzes, eine diskrete Zurückhaltung.

Das neuronale System der HSP verarbeitet die Reize der Innen- und Außenwelt anders als das der Nicht-HSP. Sie haben ein überaus empfindliches Nervensystem, ihre Wahrnehmungsfilter sind schwächer ausgebildet, die Reizschwelle niedrig, und sie nehmen Nuancen und Details mit allen Sinnen äußerst intensiv auf. Jeder Sinneseindruck kommt verstärkt bei ihnen an, und selbst die Einfühlung in die Stimmungen der Mitmenschen und in zwischenmenschliche Beziehungen ist weitaus stärker und feiner ausgeprägt als bei Nicht-HSP. Alles, was sie wahrnehmen, wird auf mehreren Ebenen reflektiert, alles, was ihnen innen und außen begegnet, wird nicht nur äußerst nuanciert empfunden, sondern auch in seiner Komplexität erfasst. Bei manchen beschränkt sich die Überflutung von Reizen nur auf bestimmte Auslöser. Andere sind gegenüber allen Reizen hochsensibel. Auch eine Überstimulation ist schnell erreicht und wird als negativer Stress empfunden, sodass die Fülle nicht ausblendbarer Erregungen und Eindrücken sie überfordert. Das Bestreben nach Harmonie einer HSP steht ständig auf der Kippe. Und so weichen sie Konflikten auch lieber aus, denn Streitereien drohen ihr ganzes Wesensgefüge zum Einsturz zu bringen.

Da sie störende Einflüsse also kaum ausblenden können, sind sie viel früher als Nicht-HSP einer Reizüberflutung und Überstimulation ausgesetzt und stoßen schnell an ihre Belastungsgrenze. Menschenansammlungen, Lärm, grelles Licht, gesellschaftliche Ereignisse, Partys, Kaufhäuser, Fahrten in einer vollgestopften U-Bahn etc. bedeuten für HSP Stress und Überforderung, die oftmals zu Schlafmangel führen. Diese Schlafstörung erzeugt nun aber langfristig einen erhöhten Cortisolspiegel, und in der Folge muss man mit weiteren somatischen Störungen rechnen. Ein durch Dauerstress erzeugter Kreislauf.

Wenn wir uns als hochsensibel erkannt haben und anderen davon erzählen, fragen diese meist konsterniert: Hältst Du mich denn etwa nicht für sensibel? Wahrscheinlich schon, denn jeder Mensch hat empfindsame Wesensseiten, reagiert in bestimmten Situationen feinfühlig und empfindlich, aber eben nicht ständig und so intensiv. Ich lebe schon seit Jahrzehnten mit den Wesenszügen und Veranlagungen, die zur Hochsensibilität gehören, und für mich sind sie ganz „normal". Aber erst als ich mich als HSP erkannte, kann ich sie und mich in diesem neuen Zusammenhang verstehen. Das unbestimmte Gefühl, irgendwie „anders" zu sein, können die wenigsten adäquat schildern. Da Hochsensibilität angeboren ist, macht man erste verstörende oder sogar traumatische Erfahrungen bereits in der Kindheit. Im Laufe des Lebens verändert sich der Umgang mit unserer Sensibilität, einige Empfindsamkeiten werden verstärkt, andere abgeschwächt, aber selten schafft man es, dauerhaft ausgeglichen zu sein und mit dem Überangebot an Reizen harmonisch umzugehen.

Stärken und Schwächen

Hochsensible sind keineswegs ein Irrtum, sondern eine Strategie der Evolution. Wenn den Betroffenen bewusst wird, dass sie hochsensibel sind und was das bedeutet, ändert sich ihre Einstellung zu sich und anderen. Bislang konnten sie sich ihr Anderssein und Verhalten nicht erklären, fühlten sich durch Kleinigkeiten überfordert, zogen sich eher zurück, als das Risiko einzugehen, weiter durch dumme Sprüche („Stell Dich nicht so an!") verletzt zu werden. Diese negative Einschätzung entsteht allerdings nur im Vergleich mit den Nicht-HSP, jenen dominierenden 80%, die uns durch ihr Verhalten und ihre Reaktionen zu verstehen geben, wie ängstlich, schüchtern, ungesellig und was für „Spielverderber" wir doch seien. Ob man sich „outen" will, muss jeder für sich entscheiden, meist genügt es, sich selbst als HSP erkannt zu haben.

Da wir nicht nur mehr Reize empfangen, sondern auch länger und tiefer über alles nachdenken, was uns als Reiz, Sinneseindruck und Stimulation begegnet, brauchen wir mehr Zeit und Ruhe zur Verarbeitung der Eindrücke. Dieses dringende Bedürfnis nach Reflexion und Rückzug, die Muße etwas zu überdenken, bevor man handelt, Zaudern und Vorsicht bei Entscheidungen werden häufig als Introvertiertheit oder Schüchternheit angesehen.

Sicher *können* HSP auch introvertiert und schüchtern sein. Elaine Aron, die die Hochsensibilität bekannt machte, belegte durch ihre Forschungen, dass etwa 70% der Hochsensiblen introvertiert sind, aber Introversion kein generelles Merkmal der Hochsensibilität ist. Allerdings reagieren Hochsensible schon als Kinder auf ihr Umfeld und ihre Bezugspersonen sehr viel durchlässiger und empfindsamer. Sie fühlen sich allen Stimmungen und Konflikten ziemlich hilflos ausgesetzt und können als Folge davon introvertiert oder schüchtern *werden*. Introvertiertheit und Schüchternheit werden mit inaktiv, ängstlich, langsam, gehemmt und menschenfeindlich oder sogar neurotisch gleichgesetzt. Doch introvertiert zu sein ist kein Makel, sondern einfach eine andere Art zu sein, zu empfinden, die Welt zu sehen, der Qualität vor der Quantität den Vorzug zu geben. Man hat zum Beispiel nur wenige, aber gute Freunde, fühlt sich mit sich allein oftmals besser als mit anderen. Aber das kann auch anders sein, denn Introvertierte verkriechen sich ja nicht nur, und Extravertierte brauchen auch ihre Zeit der Ruhe und Besinnung. C.G. Jung sagt dazu:

„Von einem höheren Standpunkt aus gesehen sind solche Menschen lebendige Zeugen für die Tatsache, dass die reiche und viel bewegte Welt und ihr überquellendes und berauschendes Leben nicht nur außen, sondern auch innen ist." (C.G. Jung: Psychologische Typen). Es gibt auch ursprünglich extravertierte Hochsensible, die sich durch erlittene Zurückweisung und Abwertung zurückziehen, um sich einer sie nur verletzenden Umwelt nicht länger auszusetzen.

So frustriert Hochsensible oft auch sein mögen, reiches Erleben und Empfinden gleicht vieles wieder aus. Die Intensität des Wahrgenommenen steigert die Vorstellungskraft, Gefühle und Stimmungen werden stärker und erfüllender erlebt. Außergewöhnliche Kreativität, eine ungewöhnlich starke Intuition, intensive Freundschaften und ein nuanciertes „Sehen" verborgener Schönheiten schenken ihnen Sinn und ein erfülltes Leben.

Hinzu kommen die Lust an Reflexion, das Erkennen komplexer Zusammenhänge und die Gabe eines subtilen Gespürs, hinter den normalen Gedanken noch weitere zu erahnen. Mit den wenigen, aber sehr guten und intimen Freunden sind wunderbare Gespräche möglich, sie werden deshalb gleichermaßen von HSP und Nicht-HSP geschätzt, bewundert und um Rat gefragt. Ihre Empathie ist überdurchschnittlich und zusammen mit dem Wunsch anderen zu helfen, erfahren sie Dank und Zuwendung. Manche haben so etwas wie den sechsten Sinn, sehen Ereignisse und deren Folgen voraus und können so andere vor Unglück bewahren.

Außergewöhnlich sind bei einigen ihre Umsicht und Ruhe in Krisensituationen, sie handeln dann, als ob eine bislang unbekannte Kraft sie leitet. Während alle aufgeregt durcheinander hasten oder vor Schreck erstarren, hält die HSP alle Fäden in der Hand und fällt mit kluger Voraussicht Entscheidungen. Auch das ein Resultat ihrer komplexen Wahrnehmung.

Nachstehend eine Aufzählung der wichtigsten Stärken und Schwächen:

- Komplexere und intensivere Verarbeitung der Sinneseindrücke
- Gute und detaillierte Beobachtungsgabe
- Nuancierte Wahrnehmung unterschwelliger Reize und subtiler Nuancen
- Großes Feingefühl und intuitives Wissen
- Überdurchschnittliches Einfühlungsvermögen und Mitgefühl
- Empathisches Erspüren von Stimmungen und Bedürfnissen anderer
- Großes Mitgefühl für Schwache und Hilfsbedürftige
- Präkognitive Veranlagung
- Große Berührbarkeit durch Kunst, Musik, Natur
- Spirituelles Bewusstsein
- Tiefes Gespür für das Hintergründige und Nicht-Sichtbare

Die Kehrseite:

- Große Störanfälligkeit
- Stresssymptome bei Reizüberflutung
- Neigung zu Überreaktionen
- Geringe Belastbarkeit bei Überforderung
- Reizbarkeit und Stimmungsschwankungen
- Starke Beeinflussung durch negative Gefühle des Umfelds
- Erschöpfung nach intensiven Kontakten mit anderen
- Geringe Fehlertoleranz
- Kontaktabbrüche durch Empfindlichkeiten
- Plötzlicher Stimmungsumschwung in eine schwer zu beherrschende Reizbarkeit
- Rückzug vom Gesellschaftlichen bis hin zur Sozialphobie

Als persönlich Betroffene kann ich viele dieser Merkmale bestätigen, andere wiederum sind bei mir weniger stark ausgeprägt. Und ähnlich wird es allen HSP gehen. Die Häufigkeit ist nicht unbedingt ausschlaggebend. Bereits wenige Merkmale können so stark dominieren, dass eine Hochsensibilität vorliegt.

Welche Rolle spielen die Spiegelneuronen?

Über Spiegelneuronen im Zusammenhang mit der Hochsensibilität gibt es noch keine Literatur. Verwunderlich, denn solch eine Beziehung macht durchaus Sinn. In seinem interessanten Buch „Warum ich fühle, was du fühlst" schreibt Joachim Bauer:

„Wieso spüren Eltern, dass etwas nicht stimmt, wenn das Kind flunkert oder aus anderen Gründen innerlich in Bedrängnis ist? Warum sind wir in der Lage, unausgesprochene Störungen ähnlicher Art auch in einer Partnerschaft zu fühlen? Ganz allgemein: Wie kommt es, dass wir bei anderen Menschen intuitiv wahrnehmen können, was los ist? Auch ohne Worte, ja manchmal sogar entgegen dem, was gesagt wurde, erkennen wir oft nur zu gut, was andere wirklich beabsichtigen oder sich wünschen."
(Joachim Bauer: Warum ich fühle, was du fühlst) Aber nicht nur das: Auch erspüren wir schnell die Stimmung eines anderen, seine wahren, aber verborgenen Absichten, Lügen und Manipulationen, haben ein ungutes Vor-Gefühl, ohne zu wissen wieso. Warum sind Hochsensible so empathisch und haben dieses fast unheimliche Ahnungsvermögen?

Bauer erklärt dies überzeugend durch das erst kürzlich nachgewiesene Phänomen der Spiegelneuronen im Gehirn, das diese Resonanzvorgänge ermöglicht. Bei Begegnungen mit anderen Menschen erzeugen diese Resonanzvorgänge sozusagen Kopien des inneren Zustandes unseres Gegenübers. Folglich erhält man quasi gespiegelte Mitteilungen über dessen Gefühle und Gedanken. Aber auch seine Mimik, Gestik, Stimme und andere Zeichen werden von unserem Gehirn erfasst und entziffert.

Untersuchungen haben übrigens ergeben, dass bei Autisten eine schwere Beeinträchtigung der Spiegelzellen- Funktion vorliegt. Weiterhin ist bekannt, dass traumatische Erfahrungen die Funktion der Spiegelzellen beeinträchtigen.

Schon seit der Geburt ist man mit Spiegelneuronen ausgestattet, mit speziellen Nervenzellen also, die uns zu mitfühlenden Wesen machen. Interessant fand ich im Zusammenhang mit unserem Thema, dass man auch zu viele Spiegelneuronen besitzen kann, sodass sich ein Übermaß an Empathie entwickelt. Auch wäre es denkbar, dass dieses Zuviel an Spiegelneuronen bei den HSP zu der Reizüberflutung bei der sensorischen Wahrnehmung führt. – Ebenso wie die Hochsensiblen selbst sind Spiegelneuronen nicht ein Unfall, sondern ein gewaltiger Fortschritt in der Evolution.

Hochsensible Kinder (HSK)

Die Veranlagung zur Hochsensibilität ist angeboren, somit ist es sehr wahrscheinlich, aber nicht zwingend, dass das Kind zumindest einen hochsensiblen Elternteil hat. Allerdings kommen hierfür auch Großeltern oder ein anderer naher Verwandter der vorherigen Generation in Betracht. Haben Eltern nun die Vermutung, dass ihr Kind hochsensibel ist, dann müssen sie vor allem wissen, dass und wie es anders fühlt, wahrnimmt und reagiert als vielleicht sein normalsensibles Geschwister.

Schon bei einem hochsensiblen Säugling kann man bei genauer Beobachtung die Erfahrung machen, dass er intensiver auf Reize reagiert. Fühlt er sich diesen über längere Zeit ausgeliefert, wird er alles tun, um sich seiner Mutter oder seinem Vater anzupassen. Untersuchungen zeigen, dass schon in dieser frühen Phase einige negative Erlebnisse ausreichen, um sich in seinem Verhalten von Interesse und Neugier zu Hemmung und Vorsicht zu entwickeln.

Das kleine Kind zieht sich dann in sich selbst zurück, weil es keine andere Möglichkeit hat, dem Überangebot an Reizen, fremden Eindrücken und Geräuschen zu entkommen. Das hat zur Folge, dass es später Angst vor allem Neuen, der Welt, dem Umfeld entwickelt und sich nur zögernd den Herausforderungen des Lebens stellt.

Besonders wichtig ist, dass der Säugling oder das Kleinkind eine sichere Bindung zu dem Erziehenden entwickeln kann. Die Bindungsart wird ausschlaggebend für das weitere Beziehungsverhalten sein. Wenn eine Mutter keine Sicherheit vermitteln konnte, wird man sich später in Beziehungen verunsichert verhalten, d.h. Nähe vermeiden, Angst haben verlassen zu werden oder symbiotische Partnerschaften suchen. All diese Reaktionen auf allererste Erfahrungen sind nicht nur für den Betroffenen schwer zu begreifen und zu leben, sie beeinflussen auch jeden Kontakt, besonders jede Beziehung.

Wenn Eltern mit der intensiven Gefühlswelt ihres hochsensiblen Kindes nicht umzugehen verstehen, besteht die Gefahr, dass das Kind seine Gefühle verbirgt, weil es ahnt, dass diese nicht erwünscht sind oder nur Probleme machen. HSK sind sehr schnell betroffen und niedergeschlagen über traurige Ereignisse in ihrem Umfeld. Eltern müssen unbedingt mit ihrem hochsensiblen Kind über dessen Emotionen sprechen und versuchen, die Gründe für die Auslöser dieser verzweifelten Stimmungen zu erkennen.

Konnten wir unseren Eltern vertrauen, setzt sich dieses Vertrauen im Leben fort und ist eine gute Grundlage für unsere hochsensible Veranlagung. Ein hochsensibler Erwachsener, der als Kind misstrauisch, bindungs- und kontaktscheu wurde, hat es dagegen besonders schwer. Alles läuft darauf hinaus, dass wir in unseren ersten Lebensjahren entweder gelernt haben, den anderen – und damit der Außenwelt im Allgemeinen – zu vertrauen oder eben nicht. Wenn man anderen vertraute, konnte man seine Sensibilität bewahren. Wenn das so wichtige Urvertrauen nicht erworben werden konnte, wird man lebenslänglich danach suchen. In einer stabilen und liebevollen Partnerschaft kann hier später aber ein Ausgleich geschaffen werden.

Da HSK Nuancen und Details viel intensiver wahrnehmen, von Natur aus schreckhafter als andere Kinder sind, lauern auf sie Gefahren und Bedrohungen, die nur sie als solche bemerken und mit ihrem Verstand ja weder begreifen noch abwehren können. Allein schon deshalb brauchen sie ein stärkeres Gefühl der Sicherheit und Geborgenheit. Wenn Mütter gestresst sind, kommt das sofort beim Kind an und beunruhigt es über alle Maßen. Es ist wirklich erstaunlich, wie extrem hellfühlig manche HSK sind und manchmal die Gefühle der nahen Bezugspersonen schneller erspüren als diese selbst. Wenn HSK lange Zeit unter Stress stehen, können sich Ängste und sogar Depressionen entwickeln: ein Todesfall in der Familie, die Erkrankung eines Haustieres, eine einschneidende Änderung – ein Umzug etwa – sind gravierende Angstauslöser. Diese Ängste können die Eltern auffangen, wenn sie es mit klugen Worten beruhigen und nicht etwa die Angstzustände herunterspielen.

Durch Erfahrungen in der Schule mit unverständigen Lehrern, mit hänselnden Schulkameraden und deren rauen Umgangsformen kann das Kind zum Außenseiter, ja depressiv werden. Doch schon *eine* Freundschaft in der Schulklasse oder in der Nachbarschaft gibt dem Kind wieder Selbstwertgefühl, das Gefühl der Akzeptanz und Lebensfreude. Vielleicht können Eltern besonders in dieser Hinsicht, besser noch in jeder Hinsicht, sanft vermittelnd eingreifen.

Wenn ein hochsensibles Kind eine normalsensible Mutter hat, kann auch das eine bereichernde Beziehung werden, weil die Mutter sich nicht vorrangig an dessen Bedürfnissen orientiert – sie aber natürlich berücksichtigen muss - , sondern mit ihm zusammen Neues und Unbekanntes entdeckt, es mit anderen Menschen zusammenbringt usw., sodass das Kind den Schrecken vor seiner Andersartigkeit langsam verliert. Normalsensible Mütter sind meistens besser geerdet als hochsensible Mütter und können ihrem Kind mehr Stabilität geben. Natürlich gibt es einige „Gefahrenzonen": Ungeduld, lautes und schnelles Sprechen, die falsche Wortwahl, zuviel Kritik, Missachtung, sinnlose und für das Kind nicht nachvollziehbare Verbote etc. Man muss immer im Auge behalten, dass es auf die geringsten Kleinigkeiten reagiert. Damit das Kind nicht zu einem kleinen Prinzen, einer kleinen Prinzessin heranwächst, muss es aber auch lernen sich anzupassen, Kompromisse zu schließen und mit dem meist wenig sensiblen Umfeld umzugehen. Seine hohe Empfindlichkeit gegenüber Kritik sollte nicht dazu führen, dass das Kind nun gar nicht mehr zurechtgewiesen oder korrigiert wird. Aber behutsam und in Maßen, denn HSK neigen zu verstärkter Selbstkritik und entwickeln leicht Schamgefühle. Missbilligungen, nicht nachvollziehbare Vorwürfe und Herabsetzung rauben ihm die sowieso sich nur schwach ausbildende Selbstachtung.

Hochsensible Mütter können sich natürlich weitaus besser und feinfühliger in die Bedürfnisse ihres HSK hineinversetzen. Das Innenleben, die Reaktionen und Empfindsamkeiten ihres Kindes sind ihnen vertraut, sie verstehen, was in ihm vor sich geht, und die Verständigung kann auch nonverbal geschehen. Nun unterscheidet sich aber jede hochsensible Veranlagung von einer anderen, und jede Kindheit verläuft ebenfalls ganz individuell.

So kann es sein, dass Mütter ihre *eigenen* Bedürfnisse und Erfahrungen in die des Kindes projizieren und ihm damit nicht gerecht werden. Wenn man die eigene Hochsensibilität als negativ und belastend empfand, denkt man, dass dies bei seinem Kind ebenfalls der Fall ist und möchte seinen Sprössling vor all den Gefahren bewahren, die einem selbst einst begegneten. Projektionen müssen auf jedem Fall erkannt und vermieden werden, allzu fürsorgliches Verhalten schränkt das Kind ein und gibt ihm nicht die Stärke, sein späteres Leben zu bewältigen.

Doublebinds – Doppelbotschaften

Unter Doublebinds versteht man ein Kommunikationsmuster mit widersprüchlichen Botschaften, bei denen die verbalen und nicht-verbalen Aussagen nicht übereinstimmen. Diese „paradoxe Kommunikation" ist weit verbreitet, und wir alle gebrauchen sie, meistens ohne es recht zu wissen. Wenn dieses Kommunikationsmuster aber in der Kindheit überwiegt und die Gespräche der Familie von Paradoxien bestimmt sind, entstehen hieraus nicht selten psychische Erkrankungen, die sich später in Beziehungen fortsetzen und für Konflikte verantwortlich sind. Die Ursache kann dann meistens nur schwer gefunden werden.

Bei einer gravierenden Form von Doublebinds unterstellen wir einem anderen etwas, was eher unseren eigenen Bedürfnissen entspricht: „Du hast Hunger", sagt die Mutter zum Kind, weil sie selbst hungrig ist. Antwortet das Kind, dass es keinen Hunger habe, insistiert die Mutter: „Aber ich weiß doch, wenn mein Kleines etwas essen will." Damit stört sie die Wahrnehmung des Kindes, das tatsächlich keinen Hunger hat, sich aber der Aussage der Mutter anpasst, einmal, weil Mütter für ihre kleineren Kinder eine Autorität sind, da sie alles zu wissen scheinen, zum anderen, weil es nicht widersprechen will aus Angst vor Liebesverlust. Kinder sind wie Seismographen und schon irritiert, wenn die Mutter streng etwas verbietet und dabei lächelt. Meint sie das Verbot ernst und wenn ja, warum lächelt sie? Sie sollte sich nicht wundern, wenn das Kind nicht gehorcht, denn es ist irritiert durch ihre zweideutige Botschaft.

Doublebinds können zu „traumatisierenden Kommunikationsmustern" (Bateson) werden: Eine Frau fühlt sich in der Nähe ihres Sohnes nicht wohl, weil er sie an den Vater erinnert, der sie schon vor der Geburt verließ. Diese Gefühle sind ihr nicht voll bewusst, sie ahnt sie aber ansatzweise und muss sie natürlich leugnen, weil eine Mutter eben ihr Kind zu lieben hat. Das Kind nun spürt die unbewusste Ablehnung, schreit und weint vor Angst und Unsicherheit. Die Mutter ändert aus Schuldgefühlen ihr Verhalten und zeigt dem Kind, dass es falsch fühlt, indem sie verstärkt liebevolle Gefühle vorgibt. Reagiert dieses Kind auf die angeblichen Gefühle mit dem Bedürfnis nach mehr Nähe, zieht sich die Mutter durch Signale aus ihrem Unbewussten wieder zurück. Im Grunde unterliegt das Kind einer konstanten Täuschung und lernt mit der Zeit, diesen Zustand als normal zu empfinden.

Doublebinds entstehen, wenn die betroffene Person, also das Opfer, sich in einer intensiv abhängigen Position befindet, wie das in der Kind-Eltern-Beziehung der Fall ist. Wir erhalten Botschaften, die in unauflösbarem Widerspruch zueinander stehen und sehen keine Möglichkeit, die Situation zu verlassen. Über die Aussagen des Täters bzw. über die Widersprüche darin darf nicht gesprochen werden.

Die Autoritätsperson bestimmt nicht nur, wie das Opfer sich selbst wahrnehmen soll, sondern auch wie es den Täter zu sehen hat. Wenn das Kind zum Beispiel geschlagen wird, sagt der Vater: „Ich schlage Dich nicht, weil ich böse bin, sondern weil Du böse bist und ich nur Dein Bestes will."

Nehmen wir an, dass Kind weiß wirklich nicht, warum es böse gewesen sein soll und Schläge bekommt, es nimmt den wütenden Vater wahr, der angeblich nicht wütend ist, und nur sein Bestes will, obwohl er das Kind züchtigt. Dass misshandelte Kinder zu Doublebind-Opfern werden und kein Selbstwertgefühl entwickeln können, resultiert also aus dem Verhalten der Erwachsenen, die so tun und es wahrscheinlich sogar glauben, dass die Übergriffe, Vernachlässigung oder Misshandlung normal sind, also nichts Ungewöhnliches. Für das Kind wird das leidvoll Ungewöhnliche dann zum Normalzustand.

Ganz im Allgemeinen wird in Familien mit Doublebind-Struktur die Wahrnehmung des Kindes verleugnet und zurückgewiesen: „Das bildest Du Dir nur ein!", lautet die Antwort auf eine entsprechende Äußerung, und wenn es eine unangenehme Mitteilung war, wird das Kind für die dadurch entstehende Missstimmung verantwortlich gemacht. Wie soll ein Heranwachsender jemals Klarheit über seine Wahrnehmungen erhalten, wenn ihm eingeredet wird, er fühle falsch, er kommuniziere falsch und sei sowieso nicht so, wie er sein sollte. Ein prägender Satz für Kinder aus Familien mit einem destruktiven Kommunikationsmuster lautet: „Wenn du so wärst, wie du nicht bist, dann wärst du genau richtig."

Das Kind entwickelt eine labile Persönlichkeit und ein schwaches Selbstwertgefühl, es fühlt sich durch diese widersprüchlichen negativen Reaktionen seitens der Eltern oder Erzieher psychisch überfordert. Selbstvertrauen kann sich nicht entwickeln, denn wem oder was kann das Kind vertrauen, seine geistige und verbale Entwicklung wird gehemmt bis hin zu Komplexen und Angststörungen. Es kann sich nur anpassen und seine eigenen Wahrnehmungen und die daraus resultierenden Handlungen als falsch begreifen.

Wodurch nun entstehen in manchen Familien diese so schädlichen paradoxen Kommunikationsmuster? Eine der Möglichkeiten ist die Leugnung einer unerwünschten emotionalen Realität, die sich oftmals über mehrere Generationen hinzieht, wenn zum Beispiel die Urgroßeltern und Großeltern traumatische Erfahrungen machen mussten, die zum familiären Tabu-Thema erklärt wurden. Meistens ist auch das Leben der jetzigen Eltern und Familie von Tabus und Geheimnissen bestimmt, und es wird über diese Themen –

wenn überhaupt - nur in widersprüchlichen Botschaften und verwirrenden Andeutungen gesprochen.

Denken wir an folgendes Szenario: Die Mutter wurde als Kind von ihrer Mutter psychisch oder physisch misshandelt, diese Erfahrungen leugnet sie bzw. musste sie aus Selbstschutz verdrängen, sie sind ihr also nicht bewusst. Nun bekommt sie ebenfalls eine Tochter, die sie fatal an ihre eigene leidvolle Kindheit erinnert. Wären ihr die vielen Verletzungen von damals bewusst, würde sie wahrscheinlich ihre Tochter mit all ihrer Liebe erziehen, um ihr solch eine Kindheit wie sie sie erleiden musste, zu ersparen. Durch die verdrängten Erinnerungen jedoch wird eine unbewusste Ablehnung, verbunden mit Wutemotionen, die damals ja nicht ausgelebt werden durften, höchst wahrscheinlich. Und es geschieht das, was ich weiter oben schon beschrieb, das Kind erhält widersprüchliche Botschaften von Nähe und Distanz, Ablehnung und forcierter Zuneigung.

Viele der Betroffenen versuchen später, sich durch große Anstrengungen und Leistungswillen, oftmals verbunden mit einem ausgeprägten Perfektionsdrang, Anerkennung zu verschaffen. Da ein Leitsatz der Doublebind-Opfer lautet: „Ich konnte es meiner Mutter/meinem Vater nie recht machen", kämpfen sie immer noch und immer wieder um wohlwollende Beachtung. Manche Heranwachsende, die das Muster in etwa durchschaut oder zumindest erkannt haben, dass sie immer wieder in eine Falle gelockt werden, beginnen, sich nur auf *einen* Teil der paradoxen Botschaft zu konzentrieren.

Wenn sie sich dafür entscheiden, nur den nonverbalen Aspekt wahrzunehmen, dann haben wir es meistens mit sehr einfühlsamen und empfindsamen Menschen zu tun, die dem Nonverbalen mehr trauen als den Worten. Sie können sich recht gut in andere Menschen hineinversetzen und verwenden ihre sensiblen Antennen nun dafür herauszufinden, was der andere wirklich meinen könnte.

Im anderen Fall wird nur das gesprochene Wort beachtet und der Betroffene, der ja einst Opfer war, versucht nun, sein Gegenüber auf den verbalen Aspekt festzunageln. Zur Rückversicherung wiederholt er Wort für Wort, was auf weitere Schwierigkeiten stoßen kann, denn der andere behauptet schließlich, das *so* niemals gemeint oder gesagt zu haben. Dieser Umgang mit Doublebinds bringt chronisch Ehrliche hervor, die eher Verletzungen und Wut bei ihrem Gesprächspartner in Kauf nehmen, als mehrdeutige Botschaften.

Die „paradoxe Kommunikationsstruktur" kann traumatisieren. Die Hypothese, dass Doublebinds bei Schizophrenie und Borderline-Syndromen beteiligt sind, erhärtet sich immer mehr. Wenn wir also ahnen, dass wir in solch einer Familie aufgewachsen sind und uns immer häufiger dabei ertappen, wie konfus wir kommunizieren oder unsere eigenen Kinder nun mit paradoxen Mitteilungen in die Enge treiben, dann wird es Zeit, unser Verhaltensmuster zu ändern. Die eigene Beobachtung ist hierbei entscheidend, aber man kann auch Freunde oder Angehörige bitten, uns darauf hinzuweisen, wenn wir paradoxe Mitteilungen machen.

II. Folgen einer missglückten Kindheit

Ich habe bereits oben geschildert, welche Auswirkungen eine missglückte Kindheit haben kann. In den weiteren Kapiteln gehe ich näher auf die häufigsten Folgen ein und erkläre die psychischen Zusammenhänge. Die Auswirkungen greifen oftmals ineinander über oder überlagern sich, wie z.B. ein narzisstisch verwundeter Mensch starke Anzeichen von Depressionen zeigt und mit einem hohen Potenzial an verdrängter Wut zu kämpfen hat, während ein primär depressiver Mensch narzisstisch verwundet sein kann, aber nicht zwangsläufig sein muss. Er kann sich als Opfer fühlen, aber auch Macht ausüben oder in tiefe Schuldgefühle verstrickt sein.

Ein hochsensibles Kind, dessen Veranlagung nicht erkannt wurde, kann in seiner Entwicklung Um- und Irrwege gehen, es muss aber bei ansonsten liebevollen Eltern nicht in seiner Selbstliebe gestört bzw. narzisstisch verwundet sein.

Wir müssen also immer die jeweilige Kindheitsgeschichte kennen. Es gibt, außer Mutter oder Vater, oft noch andere Personen, wie etwa die Großeltern, die ein Kind zumindest teilweise auffangen, ja sogar Liebe schenken konnten. Darüber hinaus gibt es Kinder mit eher schwachen Strukturen, und es gibt hochsensible Kinder, die viel angreifbarer sind als robustere Naturen. So verarbeitet jedes Kind seine Probleme anders, und es ist gut möglich, dass es, erwachsen geworden, unter den Folgen seiner damaligen bitteren Erfahrungen sehr zu leiden hat, während ein anderes sich ein gesundes Selbstwertgefühl erarbeiten kann und viel gelassener, wenn auch nicht problemfrei, durchs Leben geht.

Die unten aufgeführten Folgen einer missglückten Kindheit sind also nur einige der möglichen Auswirkungen. Sehr häufig findet man später auch Drogen- und Alkoholmissbrauch, das sich Zufügen von Wunden und Schnittstellen, massive Schamgefühle etc. Bei allen Betroffenen scheint die Ursache ein massiv gestörtes Selbstwertgefühl zu sein, das in seiner Schwere unterschiedlich ausgeprägt ist.

Formen des Narzissmus

Umgangssprachlich werden Selbstverliebtheit und die narzisstische Störung oft „in einen Topf" geworfen und vor allem negativ bewertet. Bevor wir uns diesem Thema widmen, müssen wir also zunächst den weitgefassten und mehrdeutigen Begriff klären.

Für Heinz Kohut und Alice Miller war der Narzissmus in Kindheit und Erwachsenenalter eine positive Eigenschaft, um die psychische Entwicklung zu festigen: Selbstliebe sei für jeden wichtig, um gesund sein Leben und seine Herausforderungen zu bewältigen. So ist ein „normal" narzisstischer Mensch sich seines Wertes bewusst und oftmals auch erfolgreich.

Dann gibt es noch den Narzissten, der meistens einem ihn verwöhnenden Elternhaus entstammt, sich für unschlagbar in jeder Beziehung hält. Realistische Selbsteinschätzung ist ihm fremd, er will überall der Beste sein und weiß sich grandios darzustellen; man findet ihn häufig in Führungspositionen und Chefetagen. Studien haben gezeigt, dass diese Narzissten sich tatsächlich so großartig fühlen, dass sie auf keine Art von Kritik reagieren, sie prallt an ihnen ab. Ihr Egoismus, Angeberei und teils auch Größenwahn sind für Partner, Freunde und Familie nur schwer erträglich, zumal diese auch noch manipuliert werden, um ihnen Anerkennung und Bewunderung zu zollen. Diese Selbstverliebtheit und ihre perfekte Fassade dürfen natürlich keine Risse bekommen, und so scheuen sie wirkliche Nähe, denn ihre natürlich auch vorhandenen Schwachstellen müssen verborgen bleiben.

Die Übergänge von den gesunden Narzissten zu den krankhaften und narzisstisch Verwundeten können fließend sein. Wir wollen uns nun mit den narzisstisch Verwundeten befassen.

Die narzisstisch Verwundeten

"So wie ich geliebt werde, kann ich mich und andere lieben"

Das Drama des narzisstisch verwundeten Menschen beginnt mit dem Drama der Eltern. Meist ist es die Mutter, die ihrem Kind keine empathischen Gefühle entgegen bringen und es voller Liebe annehmen kann. Auch wenn man als Kleinstkind noch keine bewusste Verarbeitungsmöglichkeit seiner Wahrnehmungen hat, so kommen doch alle guten und negativen, verbalen und emotionalen Botschaften und Reaktionen und vor allem auch die Atmosphäre des elterlichen Umfeldes bei einem an. Sie bestimmen fortan die gefühlsmäßige und seelische Entwicklung.

Wie gesagt bedeutet Narzissmus Selbstliebe. "Du sollst Deinen Nächsten lieben, wie Dich selbst" heißt es zwar in der Bibel, doch sonderbarer Weise ist es uns weitaus geläufiger, unseren Nächsten mehr zu lieben als uns selbst. Und das, weil wir nicht erfahren durften, was es heißt, mit liebevoller Freude von der Mutter (den Eltern) angenommen, geliebt und in unseren Gefühlen positiv gespiegelt zu werden. Wie sonst sollten wir erfahren, dass wir selbst liebenswert sind?

Bei einer narzisstischen Störung ist Verlassenheit die Hauptursache. Das bedeutet nicht, dass das Kind tatsächlich verlassen wurde (Krankenhausaufenthalt der Mutter, Scheidung der Eltern etc.), sondern häufiger und nicht minder prägend ist die emotionale Verlassenheit, wenn sich die Mutter nicht ausreichend um ihr Kind kümmert, kein Verständnis für seine Probleme hat. Das Kind muss dann lernen, damit zu leben, um zu überleben, und alle schmerzhaften Gefühle, mit denen es in Berührung kommen könnte, zu verdrängen.

Mit der Zeit hat sich das Kind/der Heranwachsende das Fühlen abgewöhnt, lässt niemanden mehr nahe an sich heran und richtet sich nach den Bedürfnissen anderer Menschen, um nicht zurückgewiesen und verletzt zu werden. So bleibt der Mensch innerlich einsam, verwundet und sich selbst entfremdet, hat aber in der Tiefe seiner Seele den sehnlichsten Wunsch nach Liebe nie verloren und aufgegeben; vor allem fehlt ihm die Liebe zu sich selbst.

Die tiefen Wunden, die einem in der Kindheit zugefügt und durch Verdrängungen zeitweilig erträglich wurden, heilen leider nicht von selbst: Sie sind und bleiben gespeichert. Die Erinnerung an diese Schmerzen führt dazu, dass man später immer wieder in Situationen gerät oder sie auch anzieht, die diese Wunde wieder bluten lassen. Der Zwang zur Wiederholung ist ein psychisches Gesetz. Nur durch Bewusstwerdung kann man versuchen, diesen Bann zu brechen.

„Nach allem, was ich über das Wesen der Liebe gesagt habe, ist die Hauptvoraussetzung für die Fähigkeit, lieben zu können, dass man seinen Narzissmus überwindet." (Erich Fromm: Die Kunst des Liebens) Wie also kann man narzisstisch gestörten Menschen helfen, ihre Verwundungen nach und nach zu heilen? Sie müssen erst einmal akzeptieren, dass die Urbeziehung missglückt ist, dass sie sich entfremdet wurden und tiefe Verlassenheitsgefühle in sich tragen. Wenn sie sich das bewusst machen könnten, dann wären sie eher in der Lage, sich zu fragen, was sie brauchen und wollen, welche Bedürfnisse und Wünsche sie haben und wie sie der Erfüllung näher kommen könnten.

Haben sie einmal erkannt, dass sie um ihrer selbst willen gemocht, akzeptiert und geliebt werden wollen, dann bestände der nächste Schritt darin, sich selbst anzunehmen, aber auch spüren zu lernen, dass sie selbst zur Liebe zu sich und damit zu anderen fähig sein können und viele positive Emotionen in ihnen schlummern. In einem der Bücher über

Narzissmus fand ich den trefflichen affirmativen Satz: „Ich brauche nichts zu tun, um geliebt zu werden." Diese ermutigende Aussage impliziert allerdings, dass ein verwundeter Mensch weiß, dass auch er das verborgene grundlegende Bedürfnis eines jeden Menschen in sich trägt, ein Recht auf Liebe zu haben, sich Wünsche zu erfüllen und nicht nur das zu tun, was anderen gut tut.

Den oft zitierten Satz von C.G. Jung: „Was du innen leugnest, ziehst du von außen an und nennst es dann Schicksal", finde ich zwar sehr gut und zutreffend; allerdings *kann* ein narzisstisch Verwundeter zunächst nichts anders tun als seine verletzten Gefühlswunden zu schützen, das heißt, er muss sie leugnen – wie sonst sollte er damit leben?

Jeder Mensch strebt nach Ganzheit und möchte identisch mit sich sein. Bei einem narzisstisch verwundeten Menschen ist aber gerade dies der wunde Punkt: Wie soll er sich selbst näher kommen, ja, sich selbst verwirklichen, wenn er sich nie gefunden hat, sondern sich bereits in der Kindheit abhanden kam?

Die dringend benötigte Selbstakzeptanz findet man wahrscheinlich, wenn man es schafft, sich auf die Suche nach verborgenen emotionalen Tiefen und verletzten Wesensteilen zu begeben. Ein empathischer Mensch, ob Freund oder guter Therapeut, kann dabei helfen, sich auf die eigenen Stärken und Talente zu besinnen und einen Neubeginn zu wagen. Je mehr Vertrauen man in sich entwickelt, umso geringer werden Ängste und Zweifel und umso größere Zuversicht kann sich in einem entfalten. Der verwundete Narzisst kann also nach und nach ein ihm bis dahin unbekanntes positives, sich annehmendes Selbst-Bewusstsein entwickeln.

Wenn man dieses Verhaltensmuster erst mal erkannt hat, möchte man sich jenen verwundeten Wesen voller Mitgefühl zuwenden, aber meist lassen sie sich nicht helfen: Man kommt nicht an sie heran. Es ist aber auch möglich, dass ein ihnen besonders freundlich gesonnener Helfer total vereinnahmt wird. Darüber hinaus sind manche narzisstisch Verwundete so schwer zu durchschauen, dass man nie auf die Idee käme, hinter einer derart selbstsicheren Fassade stecke eigentlich eine leidende, trostsuchende Seele.

Wie erkennt man narzisstisch Verwundete?

Wir sollten uns nicht von jemandem täuschen lassen, dessen selbstsicheres und betont freundliches Auftreten uns annehmen lässt, dass wir es wirklich mit einem ausgesprochen selbstbewussten Menschen zu tun haben. Der narzisstisch Verwundete baut sich zum Schutz eine Fassade auf: Hinter einer Maske sucht er sein Minderwertigkeitsgefühl zu verbergen und sich stattdessen "grandios" darzustellen.

Diese künstliche, zur Schau getragene Selbstliebe und Selbstsicherheit sind trügerisch und eigentlich eine Tragödie. Sie resultieren aus einer tiefen Selbstwertstörung, die durch ein zur Bewunderung aufforderndes Verhalten kompensiert wird. Das führt oft zu einem übersteigerten Perfektionismus, durch den man Anerkennung ernten und etwas Besonderes sein will. Da narzisstisch Gestörte mit Kritik nicht umgehen können, dürfen sie sich keinen Fehler leisten, denn dann fällt ihr perfektionistisches Gebäude, ihr ganzer konstruierter Selbstwert samt der Anerkennung durch andere, um die es ihm geht, in sich zusammen. Wenn man eine gesunde Beziehung zu sich selbst hat, dann darf, kann und sollte man Fehler machen und auch ertragen zu versagen oder der Unterlegene zu sein: Man ist und bleibt erst ok, wenn man sich des eigenen Wertes bewusst wird.

Der Betroffene besitzt gute Antennen dafür, welche Reaktionen von ihm erwartet werden und welche Gefühle er zeigen sollte. Die positive Resonanz, wenn er die Erwartungen von anderen erfüllt, bedeutet für ihn dann zwar eine Aufwertung seiner Identität oder seines Selbstwertes, aber er weiß zutiefst, wie fremd er sich dabei bleibt. Die Anerkennung durch einen anderen lindert nur zeitweilig sein Gefühl der Verlassenheit, ändert aber nicht dauerhaft etwas. Er kompensiert weiter durch grandioses Gehabe oder er fällt in Depressionen.

Manchmal genügt die leiseste Kränkung, um seinen Absturz herbeizuführen in jenes dunkle, einsame Loch, dem man meint nie mehr entkommen zu können. Oder es kommt zu Wut- und Hassattacken, die ebenso gegen sich selbst als auch gegen einen vermeintlichen Verursacher gerichtet sein können. Dieser Wechsel zwischen Grandiosität und Depression umschreibt die fehlende stabile Verwurzelung, das wechselnde Selbstwertgefühl, das zwischen alles oder nichts und entweder-oder schwankt.

Mir sind viele solcher Menschen begegnet, und ich habe ihren versteckten Schmerz zunächst nicht erkennen können. Ich hatte beruflich mit einer Frau zu tun, die immer den Clown spielte, über alles wurde laut gelacht, und sie war durch ihre Gutmütigkeit und Hilfsbereitschaft auch sehr beliebt. Was mir nicht gefiel, war der Ausdruck ihrer Augen - sie waren leer und irgendwie fern –, und *echte* Gefühlsregungen suchte ich bei ihr vergebens. Als ich später vertraulich mit ihr sprechen konnte, öffneten sich Welten voller Verdrängungen und Verlassenheitsgefühle. Sie kompensierte die fehlende Gefühlsbewusstheit und Entfremdung von sich selbst eben mit clownesquen Auftritten und Überanpassung an andere Menschen.

Durch das Vertrauen, das sie mir entgegenbringen konnte und mein echtes Mitgefühl für ihre Kindheit und Entwicklung, sah sie mich als ihre „Ersatzmutter". Der narzisstisch gestörte Mensch ist stets auf der Suche nach einer Mutter und Mütterlichkeit, und so entstehen diese Projektionen, obschon ich wirklich kein ausgeprägter mütterlicher Mensch bin. Aber Idealisierung und der riesige, weitestgehend unbewusste Wunsch nach Zugehörigkeit lösen solch ein Verhalten aus, mit dem dann nur schwer umzugehen ist. Es ist nicht einfach, einen narzisstisch Verwundeten zu sich selbst und seinen eigenen Gefühlen zurückzuführen, ohne ihn weiter zu verwunden. Gabi begann glücklicherweise eine Therapie, und ich war von dieser großen Verantwortung entlastet.

Es gibt unter den Narzissten aber auch solche, die ihre schlechte Stimmung und Reizbarkeit verbergen, doch eine derart schlechte Laune verbreiten, um mit ihrer eigenen Verstimmtheit nicht allein zu sein. Manchmal werden sie von unterdrückten gehässigen und wütenden Emotionen überfallen, deren Ausbruch völlig überraschend kommt und in keiner Relation zu einem Auslöser steht. Aber diese heftigen Gefühle sind in ihrer ganzen Verzweiflung nur der Schrei nach Nähe und Anerkennung. Es ist erschreckend, aber diese Menschen tun sich nun selbst das an, was ihnen früher von den Eltern angetan wurde.

HSP und narzisstische Verwundung

Es ist äußerst schwierig zu erkennen, ob jemand „nur" hochsensibel *oder* „nur" narzisstisch verwundet ist oder ob bei ihm neben seiner Hochsensibilität zusätzlich diese Störung vorliegt. Wie wir wissen, reagieren HSP äußerst empfindsam und in vielen Fällen auch sehr gereizt auf Verhaltensweisen, Reaktionen und in Situationen, denen sie sich nicht gewachsen fühlen, die sie überfordern. Die extravertierten Hochsensiblen können sich dann wie Furien gebärden und jemanden, der sie verletzt oder kritisiert, scharf angreifen. Ihrer hohen Einfühlsamkeit und sensiblen Wahrnehmungsfähigkeit, die zu einer Überreizung führt, sind sie schnell ausgeliefert, und wenn sie sich nicht rechtzeitig um Rückzug bemühen, brechen ihre Schutzwälle auseinander.

Hochsensible haben meistens ein Problem, Ärger und Wut herauszulassen, da sie andere nicht verletzen möchten. Diese Energie sammelt sich dann in ihnen an und bricht zu Unzeiten hervor, was sie dann selbst, aber natürlich auch den anderen maßlos erschreckt. HSP fühlen sich überdies schnell gekränkt, wenn sie mit ihren Gedanken, Schilderungen und Eindrücken auf Unverständnis stoßen oder belächelt werden.

Außerdem kann sich das Selbstvertrauen der Hochsensiblen aufgrund ihrer Andersartigkeit und der fehlenden positiven Resonanz ihres Umfeldes nur zögerlich entfalten und vermittelt ihnen kein eindeutiges Gefühl des eigenen Wertes. Herausforderungen begegnen sie eher widerstrebend, da sie glauben, dass sie sie nicht bewältigen können.

Natürlich sind Hochsensible, bei Beachtung ihrer problematischen Veranlagung, in der Lage, alles zu schaffen, was sie sich vornehmen. Weil sie jedoch so leicht überfremdet werden und beeinflussbar sind, müssen sie immer wieder neu bestimmen, was sie selbst eigentlich wollen.

Hochsensibilität ist, wie schon gesagt, meistens eine angeborene Veranlagung, die zwar von den Eltern in den seltensten Fällen erkannt wird, jedoch in einem liebevollen Elternhaus nicht zu einer narzisstischen Verwundung führen muss. Vielleicht fühlt sich der Betroffene unverstanden und anders als etwa seine Geschwister oder Schulkameraden, aber das führt nicht zwangsweise zu einer Fehlentwicklung wie wir sie bei den emotional verlassenen und misshandelten Kindern finden.

Es ist nicht einfach zu erkennen, mit wem wir es nun zu tun haben, denn die hohe Empfindsamkeit der Hochsensiblen kann mit der Empfindlichkeit der narzisstisch Verwundeten verwechselt werden. Nach meinen Beobachtungen und Erfahrungen werden wir bei einer empfindsam reagierenden HSP immer auch eine gewisse Einfühlsamkeit, Verständnis und Interesse für den anderen feststellen.

Wenn aber ein narzisstisch Verwundeter unter der Dominanz seiner Mutter oder Autorität seines Vaters leiden musste, er späterhin „allergisch" auf Menschen reagiert, die über ihn bestimmen wollen, heftig und vielleicht auch unangemessen emotional wird, dann haben wir seinen „wunden" Punkt getroffen. Meistens ist festzustellen, dass ein in seiner Selbstliebe Gestörter im Gegensatz zu einer HSP wenig Interesse für andere Menschen hat, auch nicht für deren Probleme oder leidvolle Erfahrungen, es sei denn, er kann sie für sich selbst nutzbar machen – wobei wir ja wieder bei ihm und seinem Problem angekommen sind. Von Fall zu Fall mag er Empathie zeigen, aber die sensitive Einfühlung ist ihm eher fremd. Viele narzisstisch Verwundete tragen Komplexe, ein ganzes Bündel von nie aufgelösten Konflikten in sich. Je heftiger der Betroffene auf eine Ansprache, eine Bemerkung reagiert, umso stärker ist sein inneres unverarbeitetes Konfliktpotenzial. Wurde er früher allzu oft kritisiert und konnte es den Eltern niemals recht machen, wird er heute womöglich ausrasten, wenn ihn auch nur die leiseste Kritik anweht.

Im Gegensatz dazu wird ein Hochsensibler uns aufmerksam anschauen, und in Bruchteilen von Sekunden wird er erfassen, ob unsere Kritik wohlwollend oder bewusst herabsetzend gemeint ist. Kommt er zu der Erkenntnis, dass wir ein destruktives Motiv haben, wird er das erkennen und sich fragen, warum und durch wen wir so geworden sind. Es ist nicht ausgeschlossen, dass er sogar Mitgefühl für uns zeigt, die große empathische Fähigkeit der HSP.

Identitätsprobleme

Die Probleme bei Menschen, deren Kindheit harte Schatten warf, sind offensichtlich: Wie sollen sie eine Identität finden, wenn sie keine Chance hatten, sich selbst zu erkennen und sich als unverwechselbares Wesen zu erfahren? Bei den meisten sind Selbstvertrauen und Selbstwertgefühl sehr gering, wenn nicht ganz abhanden gekommen.

Erik Erikson definiert Ich-Identität als „…*Zuwachs an Persönlichkeitsreife, den das Individuum am Ende der Adoleszenz der Fülle seiner Kindheitserfahrungen entnommen haben muss, um für die Aufgaben des Erwachsenenlebens gerüstet zu sein.*" (Identität und Lebenszyklus) Identitätsbildung beginnt bereits in der Kindheit und ist davon abhängig, wie wir von unseren Eltern akzeptiert und gespiegelt wurden.

Können wir später auf dem Urvertrauen aufbauen, das uns durch positive Bezugspersonen und die Befriedigung unserer Bedürfnisse geschenkt wurde oder entwickelt sich ein Urmisstrauen, weil wir Ängste, Abwesenheit und Vernachlässigung erfahren mussten? Wenn wir in der Kindheit also physisch oder psychisch missbraucht und misshandelt wurden, wurde der Prozess der Identitätsbildung, also der Glaube an unsere eigene Unverwechselbarkeit und deren Bejahung, schon im Keim erstickt.

Die stärkste Identitätsbildung erleben wir in der Pubertät und Adoleszenz. Hier geht es darum, eine unabhängige Identität zu entwickeln und sich neu zu definieren. In der Pubertät und Adoleszenz sollen unsere in der Kindheit gesammelten Erfahrungen und Werte mit den neu zu erwerbenden Identitäten zu einer vorläufigen Ich-Synthese gelangen. Wir werden uns mit Teilaspekten von Menschen identifizieren, die auf uns einen besonders starken Eindruck machen.

Schließlich können sie als ein Teil unserer Identität gesehen werden, die allerdings im Laufe der Jahre wieder durch neue Identitäten ersetzt wird. Vom Selbst, der Verwirklichung unserer Gesamtpersönlichkeit, sind wir noch meilenweit entfernt.

Die Früchte unserer Bemühungen um Identitätsfindung, durch Identitätsum- und -neubildung und Assimilation an unsere Gesamtpersönlichkeit, finden wir später in einer Übereinstimmung von Fühlen und Denken, von Leben und Handeln mit unserem eigenen Wesen. Wir wissen dann, dass wir echt sind, und diese Authentizität, diese Ganzheit, die wir ausstrahlen, wird mit Sicherheit auch von außen bestätigt. Unser Selbstwertgefühl und Selbstvertrauen sind gewachsen: Wir bestehen endlich nicht mehr nur aus Fragmenten, sondern unser Selbst leuchtet (zumindest zeitweise) in seiner Ganzheit.

Der Psychiater und Arzt Roberto Assagioli entwickelte die Therapieform Psychosynthese, mit dem Ziel, die fragmentierten Teile der Persönlichkeit zunächst zu erkennen und sich dieser unbekannten, dominanten oder auch unerwünschten Wesenszüge bewusst zu werden. Wenn man sie dann erkannt hat, mit ihnen ins Gespräch gekommen ist, sollte man sich von ihnen distanzieren, sie quasi neutral beobachten, um sie dann zu transformieren, integrieren und sie letztlich unserem Ich zur Verfügung zu stellen. Das ist eine Aufgabe, die zwar nicht einfach ist, aber höchst spannend sein kann.

Manche Teilaspekte unseres Wesens wurden in der Kindheit vielleicht geschätzt und andere vehement abgelehnt. Die Folge ist klar: Wir glauben, die „liebe" Teilpersönlichkeit seien wir und verbannen die anderen. Wenn wir die „Verbannten" (diese Teil-Ichs) einmal aufmerksam beobachten, werden wir sehr schnell feststellen, wer nun das „Regiment" übernimmt: Mal agiert unser Kämpfer, mal der Grübler in uns, aber meistens ist es der Angepasste, der die Erwartungshaltung der Eltern zu erfüllen versucht und damit an seinem wahren Wesen vorbei lebt. Vielleicht wurden unsere Ernsthaftigkeit, schnelle Auffassungsgabe und Wissbegier von unseren Eltern sehr geschätzt, gelobt, und wir fühlten uns aufgewertet. In diesem Bereich nun findet eine gelungene Identifikation mit uns statt, aber nur eine - etwas trügerische - Teil- Identifikation, denn andere Wesensseiten, etwa Eigenwilligkeit, Renitenz und Sprunghaftigkeit, mussten wir begraben, da unsere Eltern sie ablehnten, sie bekämpften und deshalb nicht leben ließen.

Unsere Teilpersönlichkeiten melden sich unaufgefordert, manchmal verspüren wir nur ein ungutes Gefühl, ein Unbehagen, einen intuitiven Gedanken oder körperliche Symptome, wie Magen- oder Kopfschmerzen. Wer oder was in uns irritiert uns so, und wo kommen diese Stimmen oder Signale her? Gehen wir zurück in die Kindheit, denn diese Strukturen bilden sich schon sehr früh. Durch schwierige oder gar traumatische Ereignisse spalten sich ja gewisse Wesensmerkmale ab. Wenn wir immer wieder hören mussten, dass Ärger oder Wut böse sind und unsere Emotionen Bestrafungen zur Folge hatten, dann wird dieses Energiemuster, dieser Wesensanteil, abgespalten. Damit hat sich diese Teilpersönlichkeit natürlich nicht in Luft aufgelöst, sondern sendet Signale aus unserem Schattenreich, die so gar nicht zu uns zu passen scheinen, aber – sie gehört dennoch zu uns, und manchmal wird gerade sie dominant. Und dann erkennen wir und andere uns kaum noch wieder.

"Der Mensch ist in eine Vielfalt kleiner Ichs geteilt. Und jedes einzelne kleine Ich ist fähig, sich das Ganze zu nennen, im Namen des Ganzen zu handeln, zuzustimmen oder abzulehnen, Versprechungen zu geben, Entscheidungen zu treffen, was ein anderes Ich oder das Ganze dann ausbaden muss. Dies erklärt, warum Menschen so oft Entscheidungen treffen und sie so selten ausführen". (P.D. Ouspensky: Auf der Suche nach dem Wunderbaren)

Schuldgefühle und schlechtes Gewissen

Viele Menschen werden von ständigen Schuldgefühlen geplagt und fühlen sich verantwortlich und verpflichtet, es allen recht zu machen. Sie verurteilen sich für jede vermeintliche Sünde und entwickeln ein derart starkes Unrechtsbewusstsein, dass sie sich fast nie schuldfrei fühlen. Und haben sie einmal keine Schuldgefühle, dann meldet sich das schlechte Gewissen, dass sie doch eigentlich Schuldgefühle haben müssten. Man verurteilt sich bei jeder Kleinigkeit und geht ständig so hart mich sich um, dass man schließlich alles in sich ablehnt und für wertlos hält.

Wenn wir den Ursprung dieser Schuldgefühle finden wollen, müssen wir in unsere Kindheit zurückgehen und uns darüber klar werden, inwieweit unsere Erzieher, d.h. erst die Eltern, Großeltern, später unsere Lehrer, Vertreter der Kirche etc. in uns Schuldgefühle erzeugt haben. Sie waren erfolgreich bemüht, uns nach ihren Normen und Wertvorstellungen zu erziehen oder auch in uns den Sündenbock zu finden für alle *ihre* möglichen Unzulänglichkeiten. Diese Mechanismen der Schuldzuweisung zu begreifen, kann uns sehr entlasten.

Das Gewirr der sich oft widersprechenden Ver- und Gebote und jene peinigenden Erinnerungen, die sich uns einprägten, verfolgen uns bis ins hohe Alter. Etwa die entnervte Mutter, die nach ihren Herztropfen greift, weil das Kind nicht gehorcht und flüstert: „Du bist schuld, wenn ich bald sterbe". Fast noch schlimmer sind Drohungen, wie: „Der liebe Gott hat seine Augen und Ohren überall, und er wird dich strafen, wenn du Unrecht tust." Diese Unrecht-Vorstellungen werden uns von den „erziehenden" Instanzen aufoktroyiert und erzeugen in dem Kind ein starkes Unrechtsbewusstsein. Ebenso schädigend sind jene vergifteten, nonverbalen Botschaften, wie Mimik, Gestik, Körperhaltung und lautlose Tränen, die theatralisch übers Gesicht rollen. Diese sollen von dem Kind natürlich so gedeutet werden, dass es sich schlecht fühlen muss, weil es sich schuldig gemacht hat, warum auch immer. All das ist eine lebenslängliche Hypothek.

Schon in der Kindheit werden wir so erzogen, dass wir die Erwartungen und Wünsche der Erwachsenen zu erfüllen haben, und wenn wir uns sträuben und dagegen auflehnen, werden wir als böse bezeichnet, im schlimmsten Fall folgt Liebesentzug. So ist es nur zu verständlich, dass wir uns später immer wieder und immer noch nach den Bedürfnissen unserer Mitmenschen richten. Wagen wir es einmal, uns zu widersetzen oder dem inneren Instinkt und den eigenen Ansichten zu folgen, so bleiben Selbstverurteilung und Schuldgefühle nicht aus. Sie überfallen uns spätestens dann, wenn wir an der Reaktion des anderen merken, dass er über die Nichterfüllung seiner Erwartungen enttäuscht oder ärgerlich ist.

Das hat zur Folge, dass wir kaum noch unsere eigenen Wünsche wahrnehmen, sondern aus Angst vor unserem schlechten Gewissen fremde Bedürfnisse zu unseren eigenen machen und bald gar nicht mehr merken, wie fremd gesteuert wir sind. Hinzu kommt noch, dass jeder Mit- Mensch unterschiedliche Erwartungen an uns hat, d.h. wir sind stets damit beschäftigt herauszufinden, wie wir es dem anderen, ja, jedem anderen, recht machen können.

Sich in schwierigen Situationen, in denen wir uns falsch verhalten haben, frei von Schuld zu fühlen, hat nichts mit Verantwortungslosigkeit zu tun. Natürlich müssen wir für unser eigenes Handeln Verantwortung übernehmen und auch dafür, dass andere Menschen durch uns Schaden erleiden könnten. Aber Schuldbekenntnisse und -zuweisungen klären eigentlich kaum etwas, außer dass der eine kein schlechtes Gewissen mehr zu haben braucht und der andere nun den „schwarzen Peter" zugewiesen bekommen hat. Aufgezwungene

Schuldgefühle machen weder die Ursache ungeschehen, noch ändern sie etwas an der dadurch entstandenen Situation. Sie halten uns sicherlich auch nicht davon ab, genau diesen Fehler noch einmal zu wiederholen. Wir lassen uns nur allzu leicht die Rolle des Schuldigen aufdrängen und geben somit dem anderen das Recht, uns Schuldgefühle zu machen. Ich denke, es liegt vornehmlich an uns, oder es ist sogar unsere eigene Entscheidung, ob wir Schuldgefühle zulassen wollen, ungeachtet dessen, ob andere sie für berechtigt halten oder nicht.

Menschen, die uns Schuldgefühle aufdrängen, haben mit Sicherheit keine lauteren Motive. Sie wollen uns manipulieren und ihren Willen egoistisch durchsetzen. Sie fühlen sich jedenfalls besser als wir, und wir sind die „Bösen", weil wir ihre Wünsche nicht erfüllen wollen und sie verletzt haben. Eine häufige Reaktion: Man beginnt sich zu rechtfertigen. Man muss wirklich sehr aufpassen, dass man sich nicht in diese Rolle drängen lässt, denn damit unterstützt man nur die Absicht des anderen. Man setzt sich selbst ins Unrecht und vermittelt dem „Ankläger" auch noch das Gefühl, der Bessere und im Recht zu sein. Manche erreichen schon früh in diesem manipulativen Spiel eine solche Virtuosität, dass sie daraus einen Beruf machen könnten, wie beispielsweise schlechte Erzieher, Lehrer und Kirchenväter...

Haben Kinder eine schwierige Beziehung zu ihrem Vater, der u.a. ein Leistung fordernder, disziplinierender Mann war und sein Kind weder verstand, noch dessen positives Entwicklungspotential unterstützen konnte, wird sich später der Heranwachsende weder akzeptiert noch anerkannt fühlen. So versucht der Betroffene, sich durch Leistung und Pflichterfüllung Anerkennung zu verschaffen – so wie er es aus der Kindheit gewohnt ist. Wird diese ihm versagt, dann suchen ihn Schuldgefühle heim.

Eine Folge dieser strengen, wenig einfühlsamen Erziehung ist auch, dass sich Menschen schuldig fühlen, wenn sie einmal nichts tun, wenn sie faulenzen, heiter und entspannt sein wollen. Dinge, die ihnen zufallen, können sie nicht schätzen, denn sie haben sie sich nicht erarbeitet, und Lob in dieser Hinsicht würde ihnen ein schlechtes Gewissen bereiten. Oftmals ist ihr Gott ein strenger, strafender Gesetzeshüter, und/oder sie wurden in einem dogmatischen Glaubenssystem erzogen, sodass z.B. jede Übertretung der zehn Gebote (oder welch anderer auch immer) Schuld, Selbstvorwürfe und Selbstbestrafungstendenzen hervorrufen kann.

Ebenso wird ein Kind, das sich wenig liebenswert fühlt, da es in seiner Kindheit und in seinem Elternhaus wenig Liebe erfahren durfte, sich später gleich dafür verantwortlich und schuldig fühlen, wenn ein Freund/eine Freundin sich von ihm abwendet. Dies bestärkt es in seiner Überzeugung, dass es eben keine Liebe verdient, nichts wert sei, und es bestraft sich mit Selbstanklagen, die für Außenstehende einfach nicht nachvollziehbar sind.

Viele Kinder haben in frühester Jugend schon harte Erfahrungen mit ihren Erziehern machen müssen. Den kleinen Kindern wurde zu früh sehr direkt klar gemacht, dass sie sich zu fügen haben, Widerworte nicht erwünscht sind, sie zwar auf der Welt, aber nur unter gewissen Bedingungen geduldet sind. So bilden sich sehr früh Schuldgefühle, die sich später kaum mehr klären lassen, denn welches Kind hat schon so konkrete Erinnerungen an die Kindheit? Aber diese Erlebnisse sind in ihm gespeichert, und aus Angst vor späterer ähnlicher Übermachtung und Aggression verhält es sich dann zu seinen Mitmenschen genau so wie seine Eltern einst mit ihm umgegangen sind. So erzeugt man nun Schuldgefühle bei vielen anderen, mit denen man in Beziehung steht.

Dieser andere fühlt sich nun kontrolliert, hat Angst, etwas falsch zu machen bzw. ein schlechtes Gewissen zu bekommen. Zudem gerät er bei so einem bestimmenden Menschen leicht in Abhängigkeit und diese erzeugt unterschwellige Aggression. Man überträgt dem anderen die Verantwortung, er übernimmt sie nur allzu gerne und schließlich ist man in einem Abhängigkeitsverhältnis gefangen. Dieser Mechanismus bedarf keines langen Prozesses, sondern funktioniert mitunter blitzschnell!

Auch die Hochsensiblen haben es hier nicht leicht, denn durch ihre Empathie, ihr Mitleid und Hilfsbereitschaft fühlen sie sich aufgefordert zu helfen und zu trösten. Dieser „Dienst am Nächsten" kann sie aber schnell überfordern, und sie brauchen Abstand und Rückzug, um intakt zu bleiben. Die Erwartungshaltung der anderen, die sie nun nicht mehr erfüllen wollen, lässt sie sich schuldig fühlen. Ein Balanceakt, der nicht einfach zu bewältigen ist.

Fallbeispiel: Anne

Anne fühlt sich schuldig und verantwortlich, auch wenn es objektiv nicht den geringsten Anlass dazu gibt. Anne wuchs in einem gut bürgerlichen Elternhaus mit noch einem Bruder auf. Der Vater war erst Lehrer und dann Schuldirektor, und seine Autorität blieb für sie lebenslang bestimmend.

Als Anne zur Welt kam, war ihre Mutter wenig begeistert, da sie sich ihr Leben eigentlich anders vorgestellt hatte. Sie verzichtete ungern (oder notgedrungen) auf ihre Träume und fühlte sich als Opfer der Umstände, des Lebens, und Anne war an allem schuld. Anne schilderte ihren Vater als rechthaberisch und belehrend mit einem stets „erhobenen Zeigefinger". Positive Äußerungen kamen, wenn sie sich anpasste, und wenn man das nicht tat, was „man" nicht tut. Anne erzählte mir sehr plastisch die Verhöre ihrer Eltern, wenn sie einmal krank wurde. Krankheit war verbunden mit Schuldzuweisung, und wenn ihre Verfehlungen, die zur Krankheit geführt hatten, geklärt waren, wurde sie zuerst über ihr falsches Verhalten belehrt, danach erst durfte sie krank sein, was ihr stets ein schlechtes Gewissen bereitete.

Ihre Mutter bezeichnete Anne als leicht hysterisch, sie duldete keine Widerworte, und so richtete man sich nach ihr, weil sie sonst - wie Anne meinte - „ausgeflippt" wäre. Sehr genau erinnert sich Anne an Mutters Drohung: „Krankheiten sind Strafen Gottes für das Böse, und Gott sieht auch, was Du Böses denkst". Anne verfiel daraufhin fast in ein zwanghaft böses Denken und wünschte sich inständig, katholisch zu sein, denn dann hätte sie beichten und ihre Schuld damit tilgen können.

Besonders bedauerlich ist, dass *beide* Elternteile sie zu sehr maßregelten, ihr Schuldgefühle einredeten und nicht wenigstens Vater *oder* Mutter einen Ausgleich schaffen konnten. Ihr schwaches Selbstwertgefühl, aber auch die heftigen Schuldgefühle sind also eindeutig auf diese Art der Erziehung zurückzuführen. Ihre Unfähigkeit, sich zu wehren oder zu behaupten, aber auch das verbotene Ausleben ihrer Wut – all das resultiert aus dieser rigiden Erziehung. Ich fragte Anne, ob sie denn wirklich nie widersprochen oder sich selbst behauptet hätte; ihre Antwort war, dass beides absolut undenkbar gewesen wäre.

Anne hat im Laufe der Jahre sehr an sich gearbeitet, und ihr ist bewusst, welche inneren Stimmen ihr heute manchmal noch Verbote, Schuldgefühle und ein schlechtes Gewissen einreden wollen. In kleinen Schritten hat sie gelernt, Nein zu sagen, ohne sich gleich miserabel zu fühlen. Da Anne selten wusste, warum und durch was sie sich nun eigentlich schuldig gemacht hatte, begann sie schon früh darüber nachzugrübeln.

Dieser Grübelzwang, verbunden mit depressiven Phasen, hat ihr Erwachsenenleben begleitet. Dieses Grübeln kreist meistens um die Abwertung ihrer Person, eine Abwertung, die entweder durch äußere Ansprüche oder verinnerlichte „Du-Sollst"-Regeln auflebt. Dass sie nicht perfekt sein und alle Wünsche aus ihrem Umfeld erfüllen muss, um gemocht zu werden, hat sie zum Glück durch ihre eigene Familie und Freunde nach und nach erfahren.

Beziehungsprobleme

Die Erfahrungen mit unserer Mutter, unserer ersten große Liebe, werden den nachhaltigsten Einfluss darauf haben, welche Beziehungen wir als Erwachsene erwarten, unbewusst suchen und meistens auch finden. Wenn wir nie das Gefühl der absoluten Sicherheit und Geborgenheit, ein tiefes Vertrauen erlebt haben, können wir uns nicht fallen lassen, das Leben und die Liebe genießen. Die Bedrohung, verlassen zu werden, ist dauernd da, wir verhalten uns also – aus Angst und Unsicherheit – in Beziehungen zwanghaft, kontrollierend und manipulierend.

Auch wenn wir erkannt haben, dass diese oder jene Bindung uns in Abgründe stürzt: Wir können sie nicht loslassen. Wie kann man auch loslassen, wenn man Angst hat, dass einen niemand und nichts auffängt? Wie können wir uns geborgen und sicher fühlen, wenn uns bedrohliche Signale aus unseren tiefsten Seelenschichten überfallen?

Was die meisten von uns möchten, scheint eigentlich ganz einfach: Wir wollen lieben und geliebt werden. Aber gerade in unseren Beziehungen haben wir die größten Probleme und erleiden den tiefsten Schmerz. Dieser ursprüngliche Wunsch nach Liebe und Geborgenheit bleibt für viele unerfüllt, und sie rätseln voller Verwunderung und Verzweiflung, wieso sie keine Nähe zulassen können oder der Partner sie fast zu verschlingen scheint oder natürlich auch, warum ihre Sehnsucht nach symbiotischer Verschmelzung immer auf Abwehr stößt.

Wenn wir uns nicht selbst wertschätzen, geben wir uns cool und distanziert, oft auch arrogant, grenzen uns gegen die Gefühle und Annäherung anderer ab. Die fast tragische Folge ist, dass unser Umfeld diese Reserviertheit als Ablehnung deutet und sich nun nicht mehr traut, uns voller Herzlichkeit zu begegnen. Diesen Vorgang kennt man als „sich selbst erfüllende Prophezeiung", denn es passiert genau das, was die Betroffenen erwarten und schrecklich fürchten: Nicht geliebt und/oder abgelehnt zu werden.

Beziehungsängste können zu schweren Depressionen und bis zum Selbstmord führen, wobei es immer wieder erstaunlich ist, wie Menschen so lange miteinander auskommen und Partnerschaften bestehen bleiben, obwohl es längst keine liebevollen Gefühle mehr gibt. Wenn es nämlich um eine reale Trennung geht, brechen die Ängste bis hin zur Panik über uns herein. Es ist also nicht a priori die fehlende Liebe, die so heftige Angstgefühle aufkommen lässt, sondern eine befürchtete Trennung. Das erklärt vielleicht, warum so viele Beziehungen fortgeführt werden, obwohl es mehr Streit und Hässlichkeiten gibt als positive Gefühle.

Sehr häufig suchen wir uns einen Partner, der in uns dieselben Gefühle auslöst, die wir aus der Kindheit kennen und die uns vertraut sind, sodass wir den Betreffenden gar nicht infrage stellen. Es ist ein irritierendes Phänomen, dass uns dagegen Partner, die unsere tiefsten Bedürfnisse erfüllen und die uns geben könnten, was wir ersehnen, gar nicht interessieren. Als besonders gutes Beispiel fällt mir hier eine Bekannte ein, die eine emotional entbehrungsreiche Kindheit hatte, geschlagen und vernachlässigt wurde, sich aber schon sehr früh zur Wehr setzte und ziemlich hoffnungslose Machtkämpfe mit ihren Erziehern ausfocht.

Als Erwachsene hatte sie viele wechselnde Beziehungen, die kaum ein Jahr überdauerten, meistens aber bereits nach kurzer Zeit von ihr beendet wurden, da der Mann zu lieb, und daher zu langweilig, war. Sie konnte eine liebevolle Atmosphäre nicht ertragen und flüchtete instinktsicher in die Arme eines aggressiven Partners, denn Aggressionen waren ihr einfach vertraut, eine liebevolle Atmosphäre dagegen hatte sie ja nie kennen gelernt.

Da stellt sich natürlich die Frage: Wie kann man nach den gravierenden Erfahrungen in der Kindheit verhindern, wieder in einer so lieblosen und von Streit bestimmten Partnerschaft zu landen? In letzten Teil dieses Buches habe ich versucht, darauf eine Antwort zu geben. Viele Leser werden sich noch an das Buch „Wenn Frauen zu sehr lieben" erinnern, in dem Robin Norwood so einprägsam über den Zusammenhang von unseren schmerzlichen Kindheitserfahrungen und den Beziehungsmustern als Erwachsene schreibt:

„Verhielten sich die Eltern uns gegenüber hingegen feindselig, überkritisch, grausam, manipulativ, arrogant, übermäßig abhängig oder auf andere Weise unangemessen, wird uns genau das „richtig" vorkommen, wenn wir jemanden kennen lernen, der uns – vielleicht auf sehr subtile Weise – dieselbe Haltung, dasselbe Verhalten entgegenbringt. Mit Menschen, die es uns ermöglichen, unsere früheren schädlichen Beziehungsmuster wieder aufleben zu lassen, fühlen wir uns „wie daheim."
(Robin Norwood: Wenn Frauen zu sehr lieben)

Das Dilemma von Nähe und Freiheit

Die frühe Urangst, verlassen zu werden, sitzt tief, weil damals unser physisches Überleben von der Fürsorge der Mutter oder unserer Bezugsperson abhängig war. Wenn uns in der Gegenwart der Verlust von Liebe und Nähe droht, dann werden diese Verlassenheitsängste wieder aktiviert: Es geht dann aber „nur" um unser *emotionales* Überleben. Wie also das Gefühl der Zugehörigkeit als Baby erlebt wurde, ob es von Ängsten, Frustrationen, Wut oder Verlassenheitsgefühlen bestimmt war, lässt uns besser begreifen, warum wir noch heute Näheangst oder Distanzprobleme in Beziehungen haben.

Als Kleinstkinder hatten wir neben unserem Bedürfnis nach Bindung aber auch den Wunsch, uns von unserer Mutter zu entfernen, in die Freiheit zu krabbeln und sei es nur in eine Distanz von drei Metern. Wir mussten uns aber immer wieder vergewissern, dass die Mutter noch in unserer Nähe ist. Der Mensch entwickelt schon in dieser ersten Liebesbeziehung ein Muster für sein späteres Nähe/Distanz-Verhalten, das er, wenn er es nicht hinterfragt, möglicherweise lebenslänglich beibehält. Es hängt viel vom Verhalten der Mutter ab, ob dieser Entwicklungsprozess von Nähe/Autonomie bzw. Trennung/Zugehörigkeit positiv gelebt werden kann.

Menschen, die vorrangig starke Autonomie- und Freiheitsgefühle entwickeln, sich sehr schnell eingeengt und ihrer Individualität beraubt fühlen, haben wahrscheinlich in ihrer Kindheit unter der Herrschaft einer vereinnahmenden Bezugsperson gestanden: Ihnen wurde kein Freiraum gelassen, sie fühlten sich ständig gefordert und überfordert, vielleicht auch benutzt und verletzt. Da jedoch auch sie oder gerade sie Nähe und Vertrauen brauchen, tobt zeitweilig ein Nähe/Distanz-Kampf in ihnen, den sie selbst kaum lösen können. Also wird auf den Partner projiziert, dass er einen einengt, keinen Freiraum lässt und sich vielleicht analog der „verschlingenden Mutter" aus der Kindheit verhält. Diese Projektion überfordert jeden Partner. Kein Wunder, wenn er flüchtet.

Beziehungsschwierigkeiten sind ein häufiger Grund, warum Menschen in psycho- therapeutische Beratungen kommen, und sehr oft entpuppt sich als Ursache der Konflikt zwischen Nähe, Freiheit, Zugehörigkeits-/Distanzwünschen und Autonomie. In vielen Lebens-/Liebesgeschichten wird geklagt, dass man immer an einen Partner gerät, der entweder gebunden ist, sehr weit weg wohnt oder immens viele Verpflichtungen und Interessen hat, sodass wenig Zeit für Gemeinsamkeiten bleibt. Wir können zwar den armen Betroffenen bemitleiden, besonders wenn er überzeugt ist, dass eine böse Schicksalsmacht ihn nicht glücklich werden und eine nahe Beziehung leben lassen will. Doch später, meist erst nach langen Gesprächen, wird auch ihm klar, dass er mit einem untrüglichen Radar Partner sucht, die ihm Nähe zu verweigern scheinen, obwohl es ursächlich *seine* Angst ist, die ihn hindert, sich auf den anderen wirklich einzulassen und Nähe zuzulassen.

Nähe und Hingabe können bei manchen bedrohliche Abhängigkeitsgefühle auslösen, ja, schon allein die Vorstellung von Nähe kann Erstickungsgefühle erzeugen: man sieht sich als Gefangener, fühlt sich unfrei und vereinnahmt. Solche Beziehungen bleiben unverbindlich, man geht auf Distanz, und/oder die verleugneten Gefühle und Wünsche werden auf den Partner projiziert.

Jeder Mensch ist voller Widersprüche. Deshalb sind Konflikte zahlreich und selten einfach zu lösen. Wir alle haben konkurrierende Bedürfnisse, wie „Ich möchte geliebt/geheiratet werden und frei sein" oder „Ich passe mich Dir gerne an, und ich möchte tun, was mir gefällt" etc. Noch komplizierter wird das ganz Beziehungsgeschehen, wenn wir einen Partner haben, dem es mit sich selbst nicht anders geht, der in sich eben auch differierende Wünsche hat. Entweder ist ihm die Bindung etwa zu nahe oder zu distanziert, und beides erzeugt Angst in ihm.

Der Psychologe Dean C. Delis vertritt die interessante These, dass in einer Beziehung meistens einer der Unterlegene bzw. Überlegene wird (man sollte sein Verhältnis daraufhin einmal prüfen). Braucht die Frau z.B. viel Nähe und Intimität und der Mann neigt eher zur Distanziertheit, wird sie die Unterlegene sein. Bei dem kleinsten Verdacht auf Rückzug des Mannes beginnt sie zu klammern, und in dem Maße, in dem sich der Partner zurückzieht, wachsen in ihr Wunsch und Sehnsucht nach Nähe, wodurch der Mann sich noch weiter entfernt.

Eine der Ursachen, warum einer in der Beziehung der Überlegene sein will, ist auf frühe und spätere Verletzungen zurückzuführen, durch die er zum Selbstschutz keinen mehr wirklich an sich heranlässt und sich emotional abkapselt. Ein gefühlsmäßiges Einlassen würde für ihn eine Bedrohung der eigenen Persönlichkeit bedeuten. Das Wiedererleben von schmerzhaften Gefühlen der früheren Zurückweisungen erzeugt einfach Angst, die nicht zugelassen werden kann und darf – lieber alleine sein und bleiben. Wenn wir als Kind durch den frühen Tod der Mutter ein Trauma erleiden mussten, dann sind - und bleiben vielleicht - für uns Liebe und Nähe stets mit Schmerz und Verlust verbunden, und wir werden diese Gefühlserfahrungen auf jeden Fall vermeiden müssen/wollen.

Wenn wir also nun erkannt haben, dass wir immer an Partner geraten, die zu viel Nähe wollen oder zu distanziert sind, dann sollten wir uns zunächst prüfen, warum uns Nähe als so unangenehm oder sogar bedrohlich erscheint. So ganz ohne Nähe können oder wollen wir ja auch nicht leben. Welche Erwartungen (oftmals sind es eher Forderungen) stellen wir an den Partner, für deren Erfüllung er eigentlich nicht zuständig ist und die ihn auch überfordern? Er ist nämlich nicht unsere Mutter/unser Vater, sondern ein gleichberechtigter Partner mit ebenfalls individuellen Wünschen, Bedürfnissen und wahrscheinlich auch schwierigen Kindheitserfahrungen.

Solange wir andere für unsere Probleme verantwortlich machen und ändern wollen, irren und stagnieren wir, denn wir können nur einen einzigen Menschen wirklich ändern: uns selbst. Wir können jemandem nur wirklich nahe sein, wenn wir uns auch selbst nahe sind. Es ist unerlässlich, in uns hineinzuschauen und uns dann mit unserem Partner über unsere Wünsche, Bedürfnisse, Ängste und Hoffnungen offen auszutauschen. Nur so werden wir authentisch, und nur dann kann eine ganz individuelle Beziehung entstehen, in der Nähe *und* Autonomie möglich sind, weil wir uns vertrauensvoll geöffnet und unsere wahren Gefühle gezeigt haben. Wenn wir dazu bereit sind, machen wir uns - so spielt das Leben - aber auch verletzbar. Das ist der Preis, das ist unser Risiko.

Nehmen wir zum Beispiel einen nach Symbiose strebenden Partner, wie wir ihn oftmals unter Hochsensiblen finden. Wenn einem als Kind die Erfahrung einer befriedigenden Symbiose mit der Mutter vorenthalten wurde, ist man als Erwachsener weiterhin auf der Suche nach einer nachträglichen Erfüllung. Eine symbiotische Beziehung mag beglückende Erfahrungen auslösen, kann aber auch der Entwicklung des Partners abträglich sein, da dieser genau so zu sein und zu bleiben hat wie man selber. „Du hast Dich aber verändert" ist eine Anklage, ein Vorwurf, aus dem die große Angst spricht, dass ein Näheverlust eintreten und diese trügerische paradiesische Idylle stören könnte.

Gewöhnlich merkt man sehr schnell, wenn die Beziehung ihr Gleichgewicht verliert, und dann beginnt der Kampf um Nähe und Freiheit. Ein Kampf, in dem der ängstlich Klammernde

136

zum Unterlegenen wird und den sich entfernenden Partner immer weiter in die Distanz treibt. Da die Mutter die erste Liebesbeziehung des Lebens ist, bestimmt sie mit, was wir später an Nähe, Gefühlen und Intimität erwarten werden. War diese erste Beziehung problematisch, sucht man, wovon man geprägt wurde, also nach solchen Partnern, mit denen dann eine ebenso problematische Beziehung eingegangen wird. Durch sie kommt man mit seinen tiefen Verwundungen in Berührung, eventuellen Traumata und Begegnungen mit dem Tod, Erfahrungen also, die kaum zu begreifen sind und unbewusst bleiben wollen. Die Intensität solcher Gefühle kann auch vom Vater herrühren, immer aber sind sie sehr emotional.

Eine Zurückweisung oder Ablehnung ist für das Kind ein Drama, eine Katastrophe, deren zerstörerische Kraft es nie vergisst. Im Gegenteil, gerade diese bleibt emotional gespeichert und führt in späteren Partnerschaften zu einer rasenden Eifersucht, zu Kontrollzwängen und Überlebensängsten. Auch die Ohn-Macht der Kindheit und die damit verbundene Hilflosigkeit wiederholen sich in späteren Beziehungen, besonders, wenn der Partner sich nicht dominieren und kontrollieren lässt, wie sich einst die Eltern nicht beherrschen ließen.

Oder aber man übernimmt gleich die „Täter"-Rolle, also das Verhalten der Mutter von damals, als wir nur Opfer sein konnten. Mit dieser Rolle will man sich schützen und absichern, erreicht aber meist genau das Gegenteil. Man will herausfinden, was den Partner motiviert, was er zutiefst fühlt und denkt. Der andere selbst zeigt aber seine eigenen intensiven Gefühle nicht, er blockt ab, um nicht verletzt zu werden. Und dafür wird er gute Gründe haben, nämlich eigene Kindheitserfahrungen.

Seines Partners ist man sich deshalb nie ganz sicher, Misstrauen bleibt ein wesentlicher Bestandteil seiner Gefühle und kann zusammen mit anderen Faktoren eine Partnerschaft sehr schwierig machen. Es könnte schließlich genau das geschehen, was man wie den Teufel fürchtet: Abgelehnt, verlassen oder betrogen zu werden. Da Leidenschaft und Intensität selten ausgelebt bzw. diskutiert werden, ahnt der Partner nichts oder nur wenig von den inneren Dramen und kann wegen der unendlich anstrengenden und frustrierenden Begleiterscheinungen letztlich in die Arme eines anderen getrieben werden. Eine Variante dieser Angst ist die Angst vor dem Vereinnahmt- und Verschlungenwerden. Intime Nähe wird dann zu einer Bedrohung.

Trennungs- und Verlassenheitsängste

Sehr häufig finden wir eine Übertragung der unverarbeiteten Kindheitsängste auf die aktuelle Angstsituation. Die Furcht erregenden Gespenster der Kindheit belasten uns besonders, wenn wir ihnen begegneten, als wir ihnen nicht gewachsen waren und unser schwaches Ich die Angsterfahrungen noch nicht verarbeiten konnte. Diese sind besonders ausgeprägt, wenn wir uns von unseren Eltern unverstanden und allein gelassen fühlten. Es ist hierbei unerheblich, ob die Angst von innen oder von außen auf uns zukam. Eine einst unzuverlässige Mutter beeinflusst später unsere Angst vor Trennungen.

Freud vermutete, dass in Augenblicken der Angst die schmerzhaften Empfindungen wiederkehren, die die erste Trennung von der Mutter, die Geburtskrise, mit sich bringt. Trennungsängste sind für Kinder und Erwachsene die fundamentalste Angst, ein Urtrauma jedes Menschen, der ja die Geborgenheit des mütterlichen Schoßes bei der Geburt für immer verlassen muss. Wir müssen also auf unsere Kindheit zurückschauen, um heutige Trennungsängste, die das normale Maß übersteigen und uns psychisch und physisch krank machen, besser zu verstehen.

Wenn Kathrin Asper schreibt: „Das Bindungsverhalten des erwachsenen Menschen ist die Reflexion seiner frühen Erfahrungen", und „Mütterliche Verlassenheit heißt Beeinträchtigung der Persönlichkeitsentwicklung, insbesondere gestörtes Selbstvertrauen und gestörtes Bindungsverhalten" (Kathrin Asper: Verlassenheit und Selbstentfremdung), so bestätigt das die umfangreichen Untersuchungen des englischen Psychoanalytikers John Bowlby, dass nämlich der Mutterentzug (Deprivation) das Kind ängstigt, Traurigkeit und Ärger auslöst und später als Folge zu Angst- und Unsicherheitsbindungen führt. Verluste und Trennungen, die in den ersten fünf Lebensjahren auftreten, sind nach Bowlby besonders gefährlich und potenziell pathogen. Menschen, die also als Kinder Trennungs- und Verlusterfahrungen ausgesetzt waren, reagieren in späteren Beziehungen mit den gleichen Emotionen zwischen Liebe, Angst und Wut, die sie damals schon schmerzhaft erleiden mussten und nicht verarbeiten konnten. Abhängigkeit und Wut, die unterdrückt werden musste, erzeugen Feindseligkeit, die man damals nicht auszudrücken wagte und heute noch unterdrückt, denn das könnte Zurückweisung und Trennung von der geliebten Person bedeuten. „Aus Angst vor Trennung wiederholen wir unsere eigene Lebensgeschichte, ohne uns an Vergangenes zu erinnern…" (Judith Viorst: Mut zur Trennung)

Jeder Verlust erzeugt Angst, deshalb entwickeln wir Abwehrstrategien, um den Schmerz zu mindern. Wir kapseln uns emotional ab: wenn wir nicht lieben, hoffen wir, sind wir weniger verletzbar, denn „Wer mehr liebt, der muss mehr leiden" (Kurt Tucholsky). Oder wir machen uns schon sehr früh unabhängig, d.h. bloß keine Abhängigkeit von Menschen, Orten und Dingen mehr, wir sind dann, meinen wir zumindest, frei von anhänglichen Gefühlen und somit frei von Verlustschmerzen.
„Wenn unsere ersten Kontakte unzuverlässig sind, beeinträchtigt oder sogar abgebrochen werden, können wir diese Erfahrung und unsere Reaktionen auf diese Erfahrung auf das übertragen, was wir von unseren Kindern, unseren Freunden und Ehepartnern erwarten." (Judith Viorst: ebda.)

Es ist aber ebenso möglich, nach schmerzvollen Trennungserfahrungen oder schicksalhaften Verlusten in frühester Kindheit symbiotische Beziehungen anzustreben oder darauf mit maßloser Furcht zu reagieren. So entstehen Angstbindungen, in denen schließlich durch Anklammerung an den Partner das eintritt, was am meisten gefürchtet wird:

verlassen zu werden, wie uns einst die Mutter verließ. Die Welt wird zu einem unsicheren, kalten Ort, was wir aber brauchen, sind Aufgehobenheit und Wärme, die wir uns selbst nicht geben können. Diese Spannung in uns reißt uns hin und her und lässt uns vielleicht - unbewusst - nach einem mütterlichen Partner suchen. Durch ihn fühlen wir uns eine Zeitlang vollständiger. Dass wir ihm später vorwerfen, uns mit seinen Gefühlen keinen Raum zum Atmen zu geben, ist dann eine andere Geschichte.

Wie begegnen wir nun diesen bedrohlichen Angstgefühlen oder der Panik? Was will die Angst von uns, was will sie uns vielleicht eröffnen? Schicksalsschläge und andere extreme Angst auslösende Einbrüche sind nur sehr schwer zu verkraften: „Das bringt mich noch um", sagen wir. Und wir haben nicht Unrecht damit, denn einen Teil von uns wird es umbringen. Was allerdings schließlich zählt, ist unsere Antwort auf diese Zufügung. Wenn wir aus lauter Angst resignieren und uns vom Leben abwenden, werden wir nur geschwächt; mit unseren letzten Resten von Mut und Vertrauen jedoch werden wir an solchen Erfahrungen wachsen, lebendiger und stärker aus ihnen hervorgehen.

„Ein Leben ohne Angst gibt es nicht im Bereich des Menschlichen. Aber die Angst hat nicht nur einen bedrückenden und quälenden Aspekt, sondern sie enthält auch immer einen Reifungsimpuls: Der Mut, etwas neu zu wagen, sich der Angst zu stellen, lässt uns neue Erfahrungen mit uns selbst und mit der Welt machen und gibt uns die Chance, unsere Kindheitsängste zu überwinden. So kann Angst zum Antrieb für neue Entwicklungen werden, und das scheint uns ein tröstlicher Aspekt zu sein, wenn sie damit auch nicht aus der Welt geschafft ist. So viel ist sicher, dass das fortgesetzte Ausweichen vor einer Angst keine Hilfe ist — sie staut sich dann nur umso intensiver in uns auf... Jede Angstbewältigung ist ein kleiner Sieg, der uns stärker macht. Oft brauchen wir nur die Angst bewusst anzusehen, damit sich das Gefürchtete klarer erkennen lässt, dass durch das Wegblicken vor der Angst uns viel

bedrohlicher erscheint als es meist ist." (Fritz Riemann: Psychologie für Nicht-Psychologen)

Verlust oder eine Trennung können zu einer inneren Katastrophe führen. Selbst die Androhung von Trennungsmaßnahmen, wie z.B. die geäußerte Absicht, das Kind in ein Heim zu bringen, weil es nicht lieb genug ist, erzeugt horrende Ängste und Verletzungen. Die betreffenden Eltern wissen oftmals gar nicht, was sie mit ihren Worten anrichten. Aber es können auch weniger bedeutende Ereignisse sein, die schlecht verheilende Wunden erzeugen, wie beispielsweise die Wegnahme eines geliebten Haustieres, ein Schock, den das Kind womöglich lebenslänglich nicht vergisst. Ja, selbst ein verweigerter Gute-Nacht-Kuss kann Dramen auslösen, wie Marcel Proust es in seiner „Recherche" ausführlich beschreibt, in diesem speziellen Fall allerdings mit dem Happy End eines literarischen Jahrhundertwerks.

Die Täter/Opfer-Beziehung

Es gibt nicht nur traumatische Täter/Opfer-Beziehungen, wie sie bei Vergewaltigungen, Missbrauch und Gewaltverbrechen zu finden sind, sondern auch Beziehungsmuster, die wir in unserem Umfeld, unserer Familie und in Partnerschaften häufig erleben und deren Ursprung wir bis in die Kindheit zurückverfolgen können.

Bei den Täter/Opfer-Beziehungen sind die Themen Macht und Ohnmacht, Angst und Aggression, Passivität, Dominanz und Unterwerfung und vor allem auch die Frage des Selbstwertgefühls betroffen. Täter und Opfer können die Rollen leicht vertauschen, denn der Täter mutiert dann zum Opfer, wenn das Opfer endlich aufhört, seine Rolle zu spielen und sich seiner eigenen latent vorhandenen Aggressivität inne wird. Erst dann kann er sich entwickeln und befreien. Während der Opfertyp ein Ja-Sager ist, finden wir beim Täter eher den Nein-Sager, der meist auch eine aggressive oder bedrohliche Ausstrahlung hat, sodass man "irgendwie" spürt, vor dem Menschen muss man sich in Acht nehmen.

Beginnen wir mit dem Opfertyp und fragen uns, wie es dazu kommen kann, dass sich ein solcher Mensch so viel gefallen lässt und in seiner so deprimierenden Rolle wie gelähmt verharrt. Nehmen wir einmal an, dass eine Frau, und meistens finden wir Frauen in der Opferrolle, als Kind in ihren Gefühlen nicht gespiegelt, sondern in ihrem ursprünglichen Wesen von den Eltern missachtet und abgewertet wurde. Die Folge ist angepasstes Verhalten, weil sie sonst keine Akzeptanz gefunden hätte, aber dringend geliebt werden wollte. Wut gilt als böse, eigene Bedürfnisse werden unterdrückt und später gar nicht mehr wahrgenommen, es entwickelt sich ein passiv-abhängiges Verhalten, man unterwirft sich den Erfordernissen und Wünschen seines Umfeldes: Der Opfertyp ist geboren.

Viele Opfertypen sind Konfliktvermeider, im Grunde verleugnen sie sich selbst, da sie es nicht wagen, einen eigenen Standpunkt zu vertreten, schon gar nicht einen gegenteiligen, ihren Ärger zu zeigen und ihn zu verbalisieren. Sie sind so "gut" erzogen worden, dass sie Teile ihres Wesens nicht leben, und die Angst, abgelehnt und zurückgewiesen zu werden, ist stets präsent. Im Grunde mögen sie sich nicht und übernehmen frag- und klaglos die Abwertungen ihrer Eltern. So wird es auch verständlicher, dass sie nach Menschen suchen, mit deren offensichtlicher Stärke oder auch Macht sie sich identifizieren können und die ihnen sagen und zeigen „wo's lang geht".

Der Täter ist aggressiv, cholerisch und unduldsam, und auch wenn seine Streitlust nicht immer offensichtlich ist, spürt man sie dennoch. Wenn es geht, weicht man ihm lieber aus. Nur Opfertypen fühlen sich unbewusst von solch einem Verhalten geradezu magisch angezogen: Es erinnert sie an das Klima ihrer Kindheit, in der sie ja auch mit subtilen oder offensichtlichen Übermachtungen konfrontiert wurden.

Auch der Täter wird als Kind von seinem Umfeld dominiert worden sein, konnte sich gegen die Übermacht der Erwachsenen nicht wehren, die ihn kontrollierten und seinen freien Willen, seine Gefühle unterdrückten. Die Wut des Täters resultiert aus seiner Abwehrhaltung gegenüber Angst und Hilflosigkeit und mündet in Rache am Ersatzobjekt. Er möchte nie mehr wieder in die Kindheitssituation geraten, und dazu sind ihm alle Mittel recht.

Als Folge wird sich der Täter später Opfer suchen - oder unbewusst anziehen -, die nun er dominieren, denen er die eigene Sicht der Dinge aufzwingen und die er kritisieren kann.

Aus dem sich in uns verfestigten Täter/Opfer-Dilemma kommen wir erst heraus, wenn wir beginnen, uns unsere eigenen Stärken und Schwächen bewusst zu machen und für sie Verantwortung zu übernehmen, denn damit wird auch unser Selbstwertgefühl wachsen. Von einem guten Selbstwertgefühl hängt unser Umgang mit Angst, Aggressionen und Hilflosigkeit ab, die uns schließlich zum Opfer oder Täter werden ließen.

Beim Täter ist das Wutpotenzial immer ungleich größer als sein möglicherweise vorhandenes, aber abgespaltenes Mitgefühl. Kinder, denen es Vergnügen bereitet, heimlich Tiere zu quälen, gehören mit hoher Wahrscheinlichkeit später zu den Tätertypen. Am bekanntesten ist uns sicher der rachsüchtige Täter, der alles in sich hineinfrisst, nie vergisst und nur darauf wartet, wann und wie er sich rächen kann.

Nun fehlt nur noch das Opfer! Mit treffsicherem Instinkt spürt der Täter die geeignete Person auf. Es ist spannend mitzuerleben, wie sehr Täter und Opfer sich gegenseitig ergänzen und brauchen: Beide haben ein Defizit an Streicheleinheiten und Zuwendung, die ihnen früher vorenthalten wurden, d.h. das Opfer fühlt sich trotz allem in gewisser Weise sicher und getröstet, wenn ein Täter es kontrolliert, und der Täter, der sich vielleicht sogar als Retter empfindet, erlangt endlich *die* Anerkennung und Bestätigung, die er so sehr vermisste. Anzeichen von Grandiosität kommen bei beiden Typen vor.

Doch ist es dem Opfertypen unmöglich, Wut und Ärger zu zeigen. Diese starken, aber verletzten Kräfte wurden so erfolgreich verbannt, dass ihre Existenz im eigenen Innern vehement bestritten würde. Umso erstaunlicher ist es, wie gekonnt, ja perfide, sie ihre unausgelebte Wut an andere delegieren. Damit provozieren sie (unbewusst) Aggressionen bei ihrem Partner, durch die sie dann wieder in ihre

Opferhaltung schlüpfen können. Es ist paradox: Aber erst dann fühlen sie sich wohl. Die verleugnete Wut, die nur manchmal - aber dafür umso heftiger - nach außen bricht, wird meistens getarnt. Man gibt sich fügsam, gutwillig und wunschlos, doch die ins Unbewusste verbannte Aggression kann sich durchaus gegen andere richten, aber eben nicht offensichtlich, sondern in versteckten und verschleierten Verhaltensweisen. Je stärker unser Minderwertigkeitsgefühl, umso ausgeprägter sind die beschriebenen Reaktionsmuster.

Die Opfertypen bleiben (nicht ungern) ihrer Überzeugung treu, dass es die äußeren Umstände sind, die sich gegen sie richten. Zugegeben: Ein auch ansonsten weit verbreitetes Alibi und die Patentlösung für „aktives Nichtstun". Sie realisieren nicht, dass sie selbst durch den fehlenden Mut zur Selbstbehauptung, Durchsetzung und Stärkung ihrer Ich-Kräfte eine „leichte Beute" für jeden Täter sein können. Der Terminus „Traumtäter" trifft sehr genau auf den Opfertyp zu, denn er hat auch einen Täter in sich, den aber lebt er höchstens im Traum, in Tagträumen oder in seinen Phantasien aus.

Hochsensibilität und Beziehungen

Die meisten Hochsensiblen suchen und brauchen enge Beziehungen, haben aber einen hohen Anspruch an Freunde und Partner. Das, was sie selbst zu geben bereit sind, erwarten sie ebenso auch vom anderen. Und da beginnen schon die Probleme:

Wer ist schon so offen für Feinheiten, hört so gut zu, ist so empathisch und einfühlsam, dass sich die HSP nicht gleich verletzt, falsch verstanden oder übergangen fühlt? Wer ist schon bereit, sich auf ernste und tiefe Gespräche einzulassen, auf Reflexionen über die Dinge hinter den Dingen, auf Fragen, deren Antworten vielleicht nie gegeben werden können? Wer erspürt das für die HSP erträgliche Maß an Nähe und Zuviel an Distanz?

Und dann gibt es ja auch noch die geringere Belastbarkeit des Hochsensiblen, der plötzlich überfordert, überreizt ist und andere das manchmal auch unmissverständlich spüren lässt, der sich zurückzieht, Verabredungen absagt, für eine Weile nicht ansprechbar ist und "zickig" reagiert, ohne einen Grund für sein Verhalten nennen zu können. Er setzt voraus, dass der andere ihn entweder sowieso nicht versteht oder ganz ohne Worte verstehen müsse. Gemeinsame Aktivitäten können selten geplant werden, da dem Hochsensiblen das eine zu laut, das andere zu banal ist und das meiste ihn sowieso nur nervt.

HSP haben für ihresgleichen meist ausreichend Verständnis, denn sie finden sich ja im anderen gespiegelt, aber viele Nicht-HSP sind mit hochsensibel Veranlagten schlichtweg überfordert. Für sie selber ist es ja nicht sehr schwierig, die richtige Balance zwischen Nähe und Distanz zu finden, aber der Hochsensible ist stets in einem Dilemma: Widmet er sich

147

ganz dem anderen, hat er schnell das Gefühl, selbst zu wenig beachtet und wahrgenommen zu werden. Ist er mehr auf sein eigenes Wohlergehen konzentriert, meint er bald, den anderen zu vernachlässigen; zumindest kommt ihm das so vor.

Und dennoch: Freundschaften und Beziehungen zwischen HSP und Nicht-HSP können für beide Seiten anregend und bereichernd sein. Je länger man sich kennt, umso besser stellt man sich dann eben auf die Eigenheiten des anderen ein, oft wiegen die jeweils positiven Eigenschaften der Betroffenen die schwierigen Wesensseiten auf. Die Mehrzahl der Nicht- HSP hat ja ebenfalls sensible Wesenszüge, und so wäre es vermessen anzunehmen, dass Nicht-HSP für Hochsensible nur verletzend und frustrierend seien.

Wenn es um tiefere Gefühle geht und man an eine feste Bindung denkt, dann sollten Vor- und Nachteile einer solchen Beziehung besonders gründlich überdacht werden. Dazu neigen HSP von ihrer Veranlagung her ja sowieso. Unüberlegte Entscheidungen sind bei ihnen zwar selten, doch manche verlieben sich auch schnell und heftig, was oft dazu führt zu idealisieren. Aber das gibt es nicht nur bei Hochsensiblen, wir alle neigen dazu, den Partner zu idealisieren und in ihn das Blaue vom Himmel zu projizieren. Dann bleibt nur noch abzuwarten, ob unser glorifiziertes Wunschbild auch der Realität standhält.

Auch wenn männliche HSP vielleicht weniger empfindsam sind als weibliche, so haben sie doch kein leichtes Los: Sie haben Angst, als feminin oder unmännlich abgestempelt zu werden. Das kompensieren sie durch männliches Auftreten, was ihnen selten wirklich gelingt. Tief im Innern sind sie total verunsichert und in Liebesdingen äußerst schüchtern.

Die allgemeine Erwartung an Männer, dass sie die Frau erobern, umwerben und den ersten Schritt tun müssen, ist für sie ein großes Problem. Bei vielen hochsensiblen Männern kommt es häufig vor, dass sie ihr Leben deshalb ohne feste Partnerin verbringen, womöglich aber eine idealisierte Frau aus der Ferne anbeten. Da sie immer wieder verletzt, missverstanden und kritisiert wurden, bleiben sie lieber alleine, als sich auf Dauer schmerzhaften Frustrationen auszusetzen.

Bei jeder Beziehung, die man eingeht, ist der in der Kindheit erworbene Bindungsstil ausschlaggebend, bei Hochsensiblen ist er jedoch von ganz besonderer Bedeutung. Wenn der Bindungsstil sicher war, hat die HSP gelernt zu vertrauen, fühlt sich geborgen und kann sich so ihre Sensibilität bewahren. Der spätere Umgang mit der Außenwelt gestaltet sich einfacher und konfliktärmer. Bei einem ängstlichen Bindungsstil hat man zwar Sehnsucht nach einer liebevollen Beziehung, doch große Angst vor Verletzungen und Ablehnung, fühlt sich innerlich verlassen und einsam, sodass man generell dem anderen zunächst misstraut.

Es ist für andere nicht leicht, eine HSP von seiner Zuneigung zu überzeugen. Ein unsicherer Bindungsstil zieht Vermeidung und Angst vor Nähe nach sich, sodass man sich nicht binden, sondern seine Unabhängigkeit behalten will. Als Abwehr und Schutz ist man sich und anderen gegenüber eher kompromisslos und hart.

Beziehungen zwischen HSP und Nicht-HSP

Wir ziehen oft das an, was uns fehlt, denn eine Vereinigung von Gegensätzen kann belebend und bereichernd sein. Zwischen HSP und Nicht-HSP sind durchaus stabile Partnerschaften möglich, in denen man sich ergänzt. Aber ohne Toleranz, Wissen um die gegensätzlichen Wesenszüge oder Veranlagungen und Verständnis dafür geht das selten gut. Respekt ist notwendig, besonders dann, wenn es auftauchende Konflikte zu klären gilt. Schuldzuweisungen, Unverständnis und Herabsetzungen können der Anfang vom Ende einer Beziehung sein. Kompromissbereitschaft ist wichtig, um Probleme nicht unnötig anwachsen zu lassen.

Oftmals überlebt eine solche Verbindung trotz Verliebtheit und guter Vorsätze aber nicht mal die Anfangsphase, weil besonders die HSP mit ihrem untrüglichen Gespür für die Eigenheiten des Partners und dessen Unvermögen, sie *wirklich* zu verstehen, einen Rückzieher macht. Die Nicht-HSP gibt sich zwar Mühe, nicht zu verletzen und zu kritisieren, kann sich aber in die Seele ihres hypersensiblen Partners dann doch nicht hineinversetzen. Zudem stoßen sich HSP durch ihre detaillierte Wahrnehmung an Kleinigkeiten und sind schnell genervt von manchen sich ständig wiederholenden Eigenarten. Wenn der Partner die Angewohnheit hat, sich alle zwei Minuten zu räuspern, vor sich hin zu pfeifen oder sich zu kratzen, ist das für sie schon zuviel.

Die Nicht-HSP, vielleicht gerne aktiv und unterwegs, kommen sich gebremst und eingeschränkt vor, wenn ihre Partner die meisten Vorschläge zur gemeinsamen Gestaltung des Alltags ablehnen. Wie kann man nur so gereizt auf eine Party-Einladung reagieren oder einen harmlosen Stadtbummel? Was den einen animiert und freut, ist für den anderen eine furchterregende Vorstellung und Überforderung. Bevor man sich fest bindet, sollte man vielleicht einen gemeinsamen Urlaub machen, denn hier zeigen sich die Diskrepanzen besonders schnell, und alle Vorfreude endet in einem Desaster. Das aber offenbart nur, was auch bei einer längeren Bindung zu erwarten wäre.

Das Aktivierungssystem spielt hier eine bedeutende Rolle. Wenn eine HSP gern aktiv und auf der Suche nach neuen Eindrücken ist, dürfte es leichter fallen, sich dem Unternehmungsdrang der Nicht-HSP etwas anzunähern und die Unterschiede zu mildern. Trotzdem bleibt hier das Problem der niedrigen Reizschwelle der Hochsensiblen, was Rücksichten erfordert. Hat eine HSP, die sowieso schon zum Rückzug neigt, auch noch ein schwächeres Aktivierungssystem, könnte das den Partner mehr als unzufrieden machen, wenn er hat keine Lust hat, den ganzen Tag zu Hause zu verbringen.

Beide müssen sich also darum bemühen, eine Balance zwischen ihren unterschiedlichen Bedürfnissen zu finden. Sie sollten überlegen, was sie wirklich gerne gemeinsam erleben wollen, wo beide Freude und Anregung empfinden, es der HSP nicht zu hektisch und der Nicht-HSP nicht zu langweilig ist. Zum anderen sollte auch jeder seinen speziellen Vorlieben nachgehen können: Die Nicht-HSP besucht beispielsweise mit Freunden ein angesagtes Event, und die HSP schaut sich in ihrer Lieblings-Buchhandlung die Neuerscheinungen an.

Ob HSP und Nicht-HSP auf die vielfältigen Eigenheiten ihres jeweiligen Partners mit Respekt und Gleichmut reagieren können, lässt sich im Voraus nicht sagen. Es bleibt ihnen – wie eben auch vielen anderen Paaren – nichts anderes übrig, als eine Beziehung auf Probe.

Beziehungen zwischen HSP und HSP

Ich erinnere mich noch an das erste Gespräch mit meinem hochsensiblen Mann. Vor uns lag eine aufgeschlagene Zeitschrift mit einem ganzseitigen Foto, das eine Landschaft in der Provence zeigte. Wir unterhielten uns intensiv über Atmosphären und welche Assoziationen sie in uns auslösen. Wir landeten bei einem Buch, das uns beide sehr beeindruckt hatte, eben wegen seiner atmosphärisch dichten Schilderung. Das war unser Anfang und vor über 30 Jahren.

Es ist manchmal kaum fassbar, wenn man endlich einem Menschen begegnet, der sogleich versteht, was man meint, ohne dass endlose Erklärungen nötig sind, man sich sogar ohne Worte versteht, miteinander behutsam umgeht und man keine Verletzungen befürchten muss, da beide ihre Sensibilität offenbaren und darüber sprechen können. Das völlige Einfühlen in den anderen ist möglich, und durch das gegenseitige Mitschwingen in Freude und Verdruss fühlen sich beide verstanden und getragen von einer tiefen Gemeinsamkeit. Rückzugsprobleme wird es in den Anfangsphasen dieser Beziehungen kaum geben, eher Sehnsucht, wenn der andere nicht da ist.

Probleme können auftauchen, wenn die Partner unterschiedliche Gesprächsstile haben, und der eine erwartet, dass der andere ihn ohne alle Worte verstehen und seine Wünsche von den Augen ablesen kann. Beide HSP-Partner hatten ja jeweils eine andere Kindheit, sind bis zu ihrer Begegnung unterschiedliche Lebenswege gegangen, und ihre Erfahrungen mit vorherigen Partnern, Beruf und Umfeld haben sie geprägt. So mag der eine noch verletzlicher sein als der andere oder wunde Punkte haben, die er selbst kaum ahnt. Bei aller Einfühlsamkeit ist es nicht zu vermeiden, dass einer der Partner den anderen eben doch unabsichtlich verletzt. Da hilft nur Offenheit, mit der man sich zwar verwundbar macht, die aber unabdingbar ist, wenn beide so extrem sensibel sind, zumal sie sowieso spüren, was im anderen, wenn auch noch so gut verborgen, schlummert.

Häufig kommt es auch vor, dass Kritik nicht geäußert wird. Man möchte selbst nicht kritisiert werden und macht dem Partner eben auch keine Vorwürfe. Daraus entsteht unterschwelliger Ärger, der anwächst und Missstimmung erzeugt. Konflikte sollten also thematisiert werden, was den HSP eigentlich entgegenkommt, denn sie möchten ja aufrichtig und in einer Atmosphäre ohne Missverständnisse leben. Da beide Partner sofort die Stimmung des anderen spüren, beeinflusst dies auch die eigene Befindlichkeit. Eben noch war man bester Laune, und dann wehen einen Melancholie oder der Ärger des anderen an, und schon ist die eigene Stimmung beeinträchtigt. Hier gibt es offenbar keine andere Lösung, als das Gespräch zu suchen oder *bei sich* zu bleiben, was ja nur eine zeitweilige Distanzierung bedeutet.

Im Alltag wird sich die Frage stellen, wer für was zuständig ist, denn beide haben ähnliche Vorlieben oder Abneigungen. Wer setzt sich beispielsweise mit Behörden auseinander, spricht den Nachbarn auf seine laute Musik an und verhindert den sonntäglichen „Einfall" von Familienangehörigen? Da meistens einer der Partner sensibler ist oder vielleicht auch extravertierter, lassen sich Aufgabenteilung und unterschiedliche Bedürfnisse meist arrangieren. Hochsensibilität sollte nie dazu benutzt werden, dem anderen seinen Willen aufzuzwingen. Da beide HSP sehr genau spüren, wenn ein Ungleichgewicht herrscht und wodurch es entstanden ist, müssten diese Probleme mit etwas gutem Willen aber zu bewältigen sein.

Leben zwei HSP zusammen, besteht die Gefahr, dass sie sich zu sehr zurückziehen und der lauten Welt den Rücken kehren, um sich vor der Begegnung mit der manchmal schwierigen Realität zu schützen. Auch wenn wir manchmal nicht von dieser Welt zu sein scheinen, so leben wir doch in dieser Welt, und unsere Entwicklung, unser Wachstum sind damit verbunden. Jede Erfahrung, zu der man sich überwinden muss, macht einen sicherer, reicher und bringt einen Zuwachs an Lebendigkeit. Ein Rückzug auf Zeit ist wichtig, auf lange Zeit aber entfremdet er uns dem Leben.

Wut und Aggression

Der Begriff Aggression ist negativ besetzt, weil man mit ihm feindselige Attacken und verletzende Wutanfälle verbindet. Ich möchte hier aber zu mehr Mut zur Aggression plädieren, dem Wunsch und die Fähigkeit eines Menschen zur Selbstbehauptung, Durchsetzung und somit Selbstbewahrung. Bei dem Begriff Wut unterscheide ich in diesem Kontext die gesunde, positive und berechtigte Aggression, die wir in diesem Sinne einsetzen müssen, von dem unbewussten und daher zerstörerischen Zorn, der sich besonders bei Missbrauchsopfern aufgebaut und angesammelt hat.

Warum fehlt so vielen Menschen der Mut zur Aggression? Fast alle Ursachen sind auch hier wieder in der Kindheit zu finden: Wenn wir von unseren Eltern zwar nicht misshandelt, aber so erzogen wurden, dass zornige Reaktionen "böse" sind, und wir nicht mehr gemocht werden, wenn wir nicht endlich wieder „lieb" sind. Diese Angst vor Liebesentzug sitzt so tief, dass wir auch späterhin nicht mehr wagen, wütend zu werden, denn dann, so vermuten wir, drohen Strafen aller Art, offensichtliche und versteckte. Die frühen Botschaften der Eltern, dass wütende Kinder böse Kind und keine Liebe verdienen, bleiben lange als Überzeugungen erhalten. Diese Einstellungen bildeten sich zu einer Zeit, in der das Kind noch nicht in der Lage war, sie zu begreifen. Sie verfestigten sich im Laufe der Zeit und wurden als selbstverständlich hingenommen.

Gerade in einem misshandelten Kind hat sich eine ungeheure Wut angesammelt, die es nicht äußern konnte und durfte. Wenn früher Eltern oder Erzieher mit verärgert lauter Stimme oder im Zorn dem Kind Schläge androhten oder sogar tätlich wurden, ist für es jede Form von offen gezeigtem Ärger und Wut mit Angst vor Gewalt verbunden. Unterdrückte

Wut ist deshalb gerade bei jenen Erwachsenen zu vermuten. Stets waren sie gezwungen, die Erwartungen ihrer Erzieher zu erfüllen und konnten sich so nicht normal entwickeln. Es ist nachzuvollziehen, dass sie diese Emotionen damals nicht fühlen durften, jetzt nicht mehr fühlen wollen und sie also verdrängen müssen. Aber hierfür wird viel Kraft benötigt, wie bei Verdrängungen allgemein, die dann zur Bewältigung des realen Lebens nicht mehr zur Verfügung steht und zu Depressionen und vielen anderen Krankheiten führen kann. Erst bei unerträglicher physischer und/oder psychischer Belastung wagt man endlich, wenn auch zunächst zögerlich, die entscheidende Frage nach der tieferen Ursache zu stellen und die Antworten in der Tiefe der erinnerten Kindheit zu finden.

Das vor vielen Jahren veröffentlichte Buch: "Gute Mädchen kommen in den Himmel - böse überall hin" wurde nicht zuletzt ein Bestseller, weil so viele Frauen sich darin wiederfanden. Frauen also, die ihren Zorn nicht auszudrücken wagen und sich somit durch Überanpassung und Nettsein um Selbstbestimmung, Unabhängigkeit und ihre individuelle Entwicklung bringen.
"Anstatt sich anzustrengen, die eigenen Kräfte in Selbstorganisation, Selbstbehauptung und eigene Stabilität zu investieren, schließen sie (die "guten Mädchen") *faule Kompromisse.... Aggressivität leugnen sie auch vor sich selbst, denn sie befürchten, die Zuneigung ihrer Mitmenschen zu verlieren und fürchten auch, mit zunehmender Kompetenz weniger gemocht zu werden. Risiko ist für sie immer gleichbedeutend mit der Gefahr zu verlieren."* (Ute Ehrhardt: Gute Mädchen kommen in den Himmel, böse überall hin – Warum Bravsein uns nicht weiterbringt)

Manche Menschen behaupten von sich, nie wütend zu werden, Wut überhaupt nicht zu kennen. Und sie behalten ein freundliches Lächeln, auch dann noch, wenn ihnen die übelsten Boshaftigkeiten an den Kopf geworfen werden. Da eine solch archaische, rohe Energie wie Wut dem Kind schon früh verboten war und ihm ausgetrieben wurde, wird der Erwachsene sie immer noch tabuisieren. Auch hier braucht jeder Mensch *seine* Zeit, um sich an solche ihm fremde Emotionen zu gewöhnen. Der Schreck über deren Heftigkeit mag groß sein, aber es ist der erste Schritt zur Bewusstwerdung und damit Gesundung. Wenn uns allzu oft Menschen begegnen, die uns durch provozierendes Verhalten in Rage bringen, gibt uns dies immer einen Hinweis auf unsere Verdrängungen. Was wir in uns nicht wahrhaben wollen, begegnet uns eben von außen, also unsere eigene, ungelebte Aggression.

Wenn wir erst einmal erkannt haben, dass wir eigentlich gar nicht so "nett" sind wie wir uns gerne sähen und von anderen gesehen werden möchten, sondern auch Wut und Hass in uns spüren, wird es unumgänglich, sich nach den wahren Ursachen dieser Wut zu fragen. Was ist der tiefe Grund, warum mich dieses Verhalten, diese Bemerkung, diese Ablehnung so zornig machen? Welcher "wunde Punkt" wird berührt?

Mit Zorn an seine Kindheit zu denken, reicht mit Sicherheit nicht aus. Bin ich unter anderem vielleicht auch wütend auf mich selbst, weil ich es nicht wage, so zu reagieren, wie ich eigentlich möchte und mich daher immer lieber wieder als Opfer fühlen will?

Der bekannte Gestaltpsychologe Fritz Perls korrigierte seine Patienten immer, wenn sie: "Ich kann nicht" klagten. Sie sollten stattdessen: "Ich will nicht" sagen, denn das entspräche ihrer inneren Wahrheit. Hieraus ergibt sich wie von selbst die Frage: Warum *will* ich nicht? Wenn wir schweigen, anstatt wütend zu werden, wenn wir immer wieder Ja sagen, obwohl wir Nein meinen, wenn wir nachgeben und uns anpassen, anstatt unsere Wünsche und berechtigten Forderungen durchzusetzen, dann richtet sich die Energie, die in uns gebunden ist, gegen uns selbst. All die Kränkungen, an denen wir durch unsere passive Haltung nicht unschuldig sind, machen uns schließlich krank.

Manche Eltern meinen es mit ihren Kindern etwas zu gut und unterdrücken jede Art von Aggressivität. um sie zu Friedfertigkeit und freiwilligem Gehorsam zu erziehen. In dem Buch "Mit der Aggression leben" zeigt die Psychagogin Christa Meves auf, dass solch ein in besten Absichten erzogenes Kind später sehr oft wehrlos bleibt. Lebensbelastungen, die bereits in der Schule und Pubertät beginnen, ist es kaum gewachsen, und es weist eine größere Anfälligkeit für psychosomatische Krankheiten auf. Wenn es sich gut einfügen und anpassen kann, geht das meistens auf Kosten der Durchsetzung im späteren Leben.

"Es gehört zur verblüffenden Gesetzmäßigkeit bei der Charakterentwicklung solcher Menschen, dass ihre Erziehung zur Wehrlosigkeit trotz ihrer primären Sanftheit keine echte Friedfertigkeit zur Folge hat... Der Wille zur Selbstbehauptung wird bei ihnen nicht angemessen zur Verteidigung berechtigter Ansprüche eingesetzt - dazu ist er oft keineswegs verfügbar -, sondern er quillt gewissermaßen auf Schleichwegen durch die Ritzen des künstlich errichteten Sperrzauns." (Christa Meves: Mit der Aggression leben)

Folgen der unterdrückten Wut

Wir alle sind mit der Bereitschaft zur Selbstbehauptung, Durchsetzung, Initiative und Einsatz für die eigenen Rechte, Mut zu Konfrontation und auch zu Verteidigung und Selbstbewahrung geboren. Wir alle sind also von Geburt an mit einem mehr oder weniger starken Aggressionspotenzial ausgestattet. Wenn es unterdrückt wird, beginnen wir an unserem Wollen und Können zu zweifeln und halten alle anderen für überlegen. Die daraus resultierenden Identitätsdefizite behindern nicht nur die Persönlichkeitsbildung, sondern führen auch zu psychischen und psychosomatischen Krankheiten. So entsteht ein latentes Wutpotential, das in der Tiefe der Seele nur darauf wartet sich zu entladen, was angesichts der Folgen verdrängter Wut sogar wünschenswert wäre...

Ich kenne eine Frau mit einer stark problematischen Kindheit, die ihre Emotionen unterdrückt, sich nicht verteidigen kann und ihre Rechte auch nicht einfordert. Sie neigt zu verdeckten oder versteckten Handlungen, also zu Manipulationen, um doch noch das zu erreichen oder zu erhalten, was sie nicht zu äußern wagt. Außerdem ist sie nachtragend, was verständlich ist, wenn man die Wut bedenkt, die in ihrem Unbewussten lauert und keinen Ausdruckskanal findet, sie sich also von den zerstörerischen Energien nicht befreien kann.

Sehr interessant finde ich auch, wie sie es schafft, ihren Ehemann mehr oder weniger lautlos zu Wutanfällen zu provozieren, sie delegiert ihren Zorn. Der eigene angesammelte Zorn bricht ganz selten hervor, dann aber mit solch einer Gewalt, dass alle in Deckung gehen müssen. Auffällig sind auch ihr schlechtes Gewissen und die Angst, dass sie überhaupt in Wut geraten könnte, denn sie fürchtet die

Intensität ihrer aggressiven Gefühle. Allerdings weiß sie immer sehr genau, was sie will und warum, hat aber nicht den Mut, ihre Wünsche zu verbalisieren, geschweige denn, sich konsequent zu behaupten, auch aus der Angst heraus, den anderen zu verletzen. Die Folge sind eigene innere seelische Verletzungen, die sich dann sporadisch in zum Teil schweren Depressionen, Migräne, Bluthochdruck und ständiger Anfälligkeit für kleinere Krankheiten zeigen. Auch hier liegen die Ursachen tief in der Kindheit begraben: Jeder Versuch, sich über die Verbote der Eltern hinwegzusetzen, wurde mit Missachtung und Strafen geahndet, und die Wut darüber wurde nicht ausgelebt.

Nicht selten überträgt sich diese verdrängte Wut auf andere. Dieses Muster finden wir häufig in Beziehungen, in denen ein Partner den anderen durch seinen vergrabenen Zorn und ein harmlos-freundliches Lächeln so in Rage bringt, dass dieser schließlich "ausrastet". Wenn sich diese Emotionen insgeheim gegen unsere Eltern richten und wir stattdessen andere anfauchen, dann ist das keine Lösung. Zwar können wir dadurch ein Gefühl für unsere Aggression bekommen, das wäre schon ein Fortschritt, aber schließlich steht der andere nur stellvertretend für unser Wutobjekt, nämlich Vater oder Mutter, selbst wenn sie längst gestorben sind.

Unterdrückte Emotionen und Gefühle der Unfähigkeit sind oft, wie ich schon erwähnte, Ursache für körperliche Krankheiten, etwa Hautprobleme, Herzkrankheiten, Magengeschwüre, Migräne. Besonders Männer, die es nicht gelernt haben, ihre Wut zu kanalisieren oder umzulenken, und nun im "Karriere-Karussell" sitzen, schaffen es erstaunlich oft über lange Zeit, trotz dieser inneren Misere zu funktionieren, bevor sie eines Tages physisch oder psychisch zusammen brechen.

Da wir unseren Eltern nicht lebenslänglich die Schuld für unsere falsche Erziehung geben können, sind wir irgendwann für uns selbst verantwortlich. Statt auf die Verwundungen der Vergangenheit passiv zu reagieren, sollten wir lieber nach Möglichkeiten suchen, unser Potenzial zu entfalten. Wenn wir unsere innere Einstellung ändern wollen, müssen wir entschlossen sein, diesen Zustand nicht mehr hinnehmen zu wollen und Auseinandersetzungen zu riskieren. Wir werden erstaunt feststellen, dass Menschen, die uns sonst immer provozierten oder uns so schrecklich geärgert haben, uns ganz anders begegnen. Es scheint so, als ob sie unbewusst ahnen, dass sie uns nun ernst zu nehmen haben und wir auch "Täter" werden, anstatt uns als Opfer anzubieten.

Wir werden vielleicht nicht mehr als nett und lieb angesehen, aber auf Dauer geschätzt und respektiert. Wir müssen uns ja nicht gleich so benehmen, dass wir gefürchtet werden, obwohl das in gewissen Situationen manchmal auch nicht schaden kann. Menschen, die sich nicht zu behaupten und eigene Ziele durchzusetzen wagen, fehlt es an Selbstachtung, also respektiert man sie auch nicht.

"Wird Zorn über einige Zeit hinweg nicht ausgedrückt, wie es oft in Ehen, Liebesbeziehungen oder innerhalb von Familien geschieht, wird er entweder unterdrückt oder verdrängt und kann so nicht mehr wahrgenommen werden. Anstelle der nicht wahrgenommenen oder annehmbaren Emotion spürt man oft ein Unbehagen, gewöhnlich eine Mischung von Angst und Schuld. Dieses Unbehagen zeigt uns, dass etwas nicht stimmt. Wird es chronisch, entwickelt es sich zur Melancholie oder zu einer Depression." (Anne Maguire: Die dunklen Begleiter der Seele)

Umgang mit Wut und Ärger

Der Blutdruck steigt, wir atmen flacher und schneller, unser Herzschlag beschleunigt sich und unsere Körpertemperatur steigt: Wir ärgern uns oder sind in Wut geraten. Nicht schlimm? Und wenn wir schnell ein Ventil finden, um diese Emotionen herauszulassen, dann ist ja wieder alles in Ordnung? Diese Theorie ist überholt. Wissenschaftliche Untersuchungen der letzten Jahre haben gezeigt, dass Dampf ablassen durch Aktivitäten, mit denen man seine Ärgeraggression abreagieren will, diese eher noch steigern.

„Es gibt gute Gründe, Sport zu treiben, aber dass er die Menschen friedlicher macht, gehört eher in den Bereich des Aberglaubens. Wenn jemand durch kräftiges Schlagen, Hacken, Zertrümmern aggressive Energien abführen oder verbrauchen will, so gleicht dies schon magischen Handlungen – die in diesem Fall aber nicht einmal für einen Placeboeffekt gut sind." (Hans-Peter Nolting: Lernfall Aggression)

Menschen, die sich extrem oft ärgern, und das sind immerhin 20% der Bevölkerung, finden sich selbst gar nicht mal als latent aggressiv, ihre Reizbarkeit gehört, meinen sie, einfach zu ihrem Wesen, und so lange man niemanden körperlich angreift, schadet sie ja auch keinem. Weit gefehlt, sie hat nicht nur einen negativen Einfluss auf ihr Umfeld, besonders auf nahe stehende Personen, sondern gefährdet in hohem Maße die eigene Gesundheit.

Meistens neigen die Betroffenen von ihrem Wesen her zur Ungeduld, alles muss schnell, schnell gehen: Warten am Telefon in der Dauerschleife, ein trödeliger Autofahrer, ein langsamer Kellner etc. machen sie rasend und erzeugen regelrecht schlechte Laune. Dass morgens der Wecker klingelt, ist schon das erste Ärgernis des Tages, der Blick aus dem regennassen Fenster macht die Stimmung noch schlechter, und so geht es weiter, bis man abends vor lauter Ärger nicht einschlafen kann, was wiederum ein guter Grund zum Ärgern ist.

Mit etwas Erfahrung kann man fast schon voraussagen, wann und worüber sich ein ärgerbereiter Mensch aufregt, fast so, als warte er nur darauf. Sagen wir ihm dann beschwichtigend: „Du brauchst Dich doch darüber nicht zu ärgern", sollten wir in Deckung gehen…Über manche Sachen kann man sich so richtig „schön" ärgern, vielleicht, weil man sich dann ganz lebendig fühlt: Adrenalin und Noradrenalin, die beiden „Kampfhormone" werden nämlich ausgeschüttet, da hilft dann auch keine Verharmlosung des Anlasses, man will in den Krieg ziehen und es der Ärgerquelle heimzahlen.

Allerdings vergisst der Betroffene dabei, dass die Emotionen zu *ihm* gehören und auch nur in ihm erfolgreich bekämpft werden können. Wobei, wie ich oben schon schrieb, es nach neueren Erkenntnissen nicht mehr um kampfartigen Aggressionsabbau geht, sondern um vielfältige Strategien, die man sich erarbeiten kann und sollte.

Die „Ventil-Theorie" zum Abbau von Wut und Ärger ist also überholt. Ich ging selbst lange davon aus, dass es gut tut, über die Ärgerquelle zu schimpfen und riet anderen auch, die Wut abzureagieren, indem sie joggen, eine Putzorgie veranstalten und sich sonst wie austoben. Wie also sollte man dann mit Ärger und Wut umgehen? Voraussetzung ist dabei erst einmal diese Gefühle überhaupt in uns wahrzunehmen. Man sollte lernen, sich selbst zu beobachten, wenn man in Rage gerät, erst dann spüren wir vielleicht, was mit uns geschieht und wie wir uns hinreißen lassen, ohne es eigentlich zu wollen.

Vieles kann uns besänftigen, uns ablenken: Wir können Musik hören, ins Kino gehen, ein spannendes Buch lesen oder natürlich auch Sport treiben, aber das muss uns Spaß machen, uns in eine andere Stimmung erzeugen – weg von Ärger und

Wut. Fazit: *"Die Forschungsergebnisse sind eindeutig. Gleichgültig, welches „Ventil" man wählt – das Produzieren aggressiver Phantasien, das Anschauen von Gewalt, aggressives Reden, quasi- aggressive spielerische oder körperliche Aktivitäten, es ist weder möglich, dadurch sein Reservoir an Aggressionen abzusenken, noch ist es möglich, auf diese Weise akuten Ärger loszuwerden."* (Hans-Peter Nolting: ebda.) Wenn sich der Anlass des Ärgers oder Zorns allerdings immer wiederholt und dahinter eine ernstere Ursache zu vermuten ist, ist es unumgänglich, dieses Problem fachmännisch behandeln zu lassen, denn Persönlichkeitsstörungen lassen sich nicht durch Ablenkung beheben. Hier wäre zunächst ein empathisches Gespräch mit einer Vertrauensperson hilfreich und vor allem Ehrlichkeit sich selbst gegenüber, denn wir können nur das erfolgreich verändern, was uns bewusst ist.

Es gibt diverse Strategien, positiv auf sich einzuwirken, wie zum Beispiel Gedankenstopps, Entspannungs- und Meditationstechniken, Veränderung von Überzeugungen und Bewertungen, Aussprachen etc., aber all diese Maßnahmen brauchen Zeit, Geduld und den Wunsch, sich wirklich zu ändern. Oft sind es nicht die großen Erleuchtungen, die uns ändern, sondern kleine Schritte. Der gute Rat, ein Glas Wasser in kleinen Schlucken zu trinken, halte ich für wenig sinnvoll, denn nicht immer ist gerade ein Glas Wasser bereit, worüber man sich natürlich sofort wieder furchtbar aufregen könnte...

Die Ausschüttung der Hormone Adrenalin, Noradrenalin und Cortisol halfen unseren Vorfahren bei höchster Gefahr zu überleben, zu kämpfen oder zu fliehen. Wenn wir Heutigen eine Ärger- oder Wutattacke bekommen, werden ebenfalls diese Hormone ausgeschüttet, führen aber eher zu Stress und einer Schwächung des Immunsystems und Herz-Kreislauf- Störungen. Ein fünfminütiger Wutausbruch hat zur Folge, dass sich die Abwehrkräfte erst nach sechs Stunden wieder erholen.

Man sollte sich auch die Frage stellen, wer oder was denn tatsächlich unseren Ärger, unsere Wut wert ist? Wem geben wir das Recht, uns zu ärgern? Vielleicht sollte man auch das Vorurteil überdenken: Nur der ist seelisch gesund, der auch „gut drauf" ist. Das ist nicht richtig, denn „seelisch gesund ist nur der, dessen Gefühle der jeweiligen Situation angemessen sind." Denn wenn man emotionslos ist oder wird, bleibt man unberührt, d.h. im gewissen Sinne leb- und gefühllos: dann plädiere ich schon lieber für eine (kurze!) gefühlvolle Ärgerattacke.

Mir hilft, wenn ich mal ausraste, folgende Geschichte: „*Ein weiser Mann sagte einst zu einer Schlange, sie solle niemals jemanden beißen, denn das wäre böse (*Anm.: erzeuge nämlich Schuldgefühle*). Die Schlange folgte dem Rat, aber sie merkte bald, dass sie von den Menschen dann ständig... gequält wurde. So ging die Schlange zum weisen Mann und beschwerte sich über ihr Dilemma: Wie kann ich friedlich und ohne Absicht, jemanden zu verletzen, sein, wenn meine Sanftmut dann so ausgenutzt wird? Der weise Mann antwortete: Ich habe dir gesagt, du sollst nicht beißen, aber ich habe dir nicht gesagt, du sollst nicht zischen.*" (Stephen Arroyo: Astrologie, Karma und Transformation)

Die passive Aggression

Es gibt Familien, in denen nicht gestritten wird, sondern jeder Konflikt unausgesprochen bleibt, nicht beachtet, vergessen, vertuscht und verdrängt wird. Dieses Verhalten kann, weil es einem aus der Kindheit vertraut ist, bis ins Erwachsenenalter beibehalten werden. Besser ist stets eine offene Aggression, mit der man vielleicht umgehen kann (vielleicht auch nicht). Hat mein Partner sich über mich geärgert und lässt mich das durch Worte oder Gestik spüren, dann weiß ich, woran ich bin.

Passive Aggression zeigt sich zum Beispiel darin, dass meine Freundin auf mich wütend ist, nicht den Mut hat, das direkt zu zeigen und folglich den versprochenen Anruf, ein vereinbartes Treffen oder den Glückwunsch zum Geburtstag einfach „vergisst". Der passive Täter hat - wie der Opfertyp - oftmals ein sehr schlechtes Selbstwertgefühl, fühlt sich entwertet. Dieses Verhalten überträgt er auf andere: Wünsche werden einfach „vergessen", beispielsweise Geburtstage durch Schweigen missachtet; er meint sie so zu bestrafen, ein Verhalten, das ihm seit der Kindheit geläufig ist.

Wenn man also in der Kindheit der passiven Aggression eines Elternteils ausgesetzt war, ist in einem eine Erfahrung gespeichert, die sehr schwer zu fassen ist und sich jeder exakten Benennung entzieht. Erst später wird man diese indirekte Art der Bestrafung oder Kränkung verstehen: die passive Aggression, durch die man sich eben nicht aktiv aggressiv verhält, sondern seine Aggressionen so täuschend oder versteckt auslebt, dass sein Umfeld sich zwar gereizt und verärgert fühlt, der Betreffende deshalb aber noch lange nicht „zu belangen" ist. Seine „Strategie" ist die Andeutung, das Gerücht, möglichst ein Gespinst aus beiden – alles nett verpackt, aber nicht minder wirksam wie der offene Angriff.

Dulde ich das und signalisiere für dieses Verhalten auch noch Verständnis, obwohl ich mich angegriffen fühle, mache ich mich zum „Co-Vergesser" und könnte somit zum Opfer mutieren. Wenn sich der passive Täter-Typ vielmals entschuldigt, fühlt er sich natürlich nicht etwa als Angreifer, sondern als Opfer seines schlechten Gedächtnisses. Dieses Beispiel sollte genügen, um die Dynamik klar zu machen. Ich bin sicher, wir alle kennen diesen Typus oder haben ansatzweise dieses Verhalten auch in uns.

Angststörungen

Angst gehört einfach zum Leben. Wie Freude, Trauer und Wut begleitet sie unser Dasein, denn als Mensch ist man eben bedroht von Verlusten, Katastrophen und Krankheiten. Vor allem wenn wir uns unserer Sterblichkeit bewusst werden. *„Es gibt eine kreatürliche Angst, eine zutiefst verankerte Urangst alles Lebendigen. Für sie, die existenzielle Angst, gilt das viel zitierte Wort Heideggers über die Angst „des-in-der-Welt-Seins". Ohne Angst gibt es keine tiefe Ehrfurcht, keine heilige Scheu vor dem Tremendum, keine Gottesfurcht – und damit auch keine Ehrfurcht vor der Würde und der einzigartigen Berufung jedes einzelnen Menschen."* (Wilhelm Bitter: Die Angstneurose)

Angst ist aber immer auch eine Warnung, die uns vor Gefahren schützt und uns signalisiert, wenn wir bedroht sind. Gäbe es die Angst nicht, würden wir uns in Situationen begeben, die wir vielleicht mit unserem Leben bezahlen müssten. Oder aber sie bewirkt, etwas zu tun, was erledigt oder bewältigt werden muss, bevor wir oder andere Schaden nehmen. Und dennoch, eigentlich paradox, sind wir andauernd mit Möglichkeiten der Angstabwehr beschäftigt, die, wenn man es bedenkt, eigentlich absurd anmuten: Was hilft schon ein Bankkonto, wenn einen die Angst schüttelt, Alkohol, der uns nur zeitweilig benebelt, Macht über andere, die uns nichts nützt, wenn sich die Angst unserer selbst bemächtigt?

Wenn uns ohne ersichtlichen Grund immer wieder Ängste überfallen, sollten wir uns in die Kindheit zurückversetzen und zu erinnern versuchen, wie unsere Eltern mit uns umgingen: Hatten wir reale Ängste vor Strafen, vor der impulsiven und launischen Natur unserer Mutter, vor dem unberechenbaren Vater? Haben uns unsere Eltern zu einem ängstlichen Menschen erzogen, weil sie selbst voller Angst und ohne Vertrauen waren? Wie oft wurden wir allein gelassen oder eingesperrt? Die Angst vor dem Alleinsein, vor dem Verlassenwerden hat hier ihren Anfang.

Auch die Ängste, die wir irreal nennen, weil sie nicht sichtbare Gefahren signalisieren, belasten sehr, da sie für den, der sie empfindet, sehr real sind. Selbst wenn man vergessen hat, wie sie einst entstanden sind, leben sie in ihm fort und überfallen einen ohne logische Verbindung zu früher, „irreal" eben. Diese irrealen Ängste entziehen unserem Körper, Geist und Seele lebensnotwendige Kräfte, sodass wir das Gefühl haben, wir existierten nur noch als Zombie, als Schablone. Oft haben diese Ängste eine Sogwirkung, als ob wir in ein dunkles, diffuses Loch gezogen werden. Wir fühlen uns völlig dezentriert. Wo einst mal so etwas wie ein Persönlichkeitszentrum war, gibt es nur noch diffuses Licht, Nebel, Chaos.

Solche Gefühle können auch Panik auslösen, sodass wir uns mehr tot als lebendig fühlen. Auch kann der Betroffene seinem Umfeld kaum erklären, was in ihm vor sich geht. Natürlich ist es Angst, aber eine Angst, die man kaum beschreiben kann.

Natürlich gibt es Abwehrmechanismen, wie Verdrängung, Distanzieren und Rationalisieren, man analysiert die Situation, redet sich selbst gut zu oder projiziert seine unbestimmte Angst auf andere, die man für die Ursache unserer Gefühle verantwortlich macht. Und schon geht es einem besser, denn eine gerichtete Angst ist leichter zu ertragen als dieses bedrückende und lähmende diffuse Gefühl, das wir nicht benennen und zuordnen können.

Bei panischen Angstanfällen hat man oft das Gefühl, verrückt oder ohnmächtig zu werden. Solche Attacken sind nicht lebensbedrohlich, auch wenn Atemnot, Herzrasen, Zittern, Unwirklichkeit und kalter Schweiß einen sterbenselend fühlen lassen. Sie sind Überreaktionen auf seelische und/oder

169

körperliche Extrembelastungen, wobei physische und psychische Auslöser möglich sind, die sich gegenseitig verstärken. *„Die Panikattacken stellen oft die Wellengipfel auf einem ‚Meer der Angst' dar".*

Wer jemals eine Panikattacke erlebt hat, denkt mit Schaudern daran zurück. Die erste Panikattacke kommt oft völlig unerwartet. Ohne konkreten Anlass überrascht sie einen im Fahrstuhl, in der U-Bahn, im Supermarkt. Nach einer durchstandenen Panikattacke meidet man den vermeintlichen Auslöser (U-Bahn, Flugzeug etc.), aus Angst, wieder in Panik zu geraten. Von einer Panikstörung spricht man, wenn drei Panikattacken innerhalb von drei Wochen aufgetreten sind oder wenn der Mensch sich nach einer Attacke mindestens vier Wochen lang vor dem nächsten Anfall ängstigt. Da der Auslöser zunächst häufig im Dunkeln bleibt, kann man die Ursachen solcher Ängste oft nur mit Hilfe eines Arztes, der mit einem bis in die Kindheit zurückgeht, verstehen und minimieren lernen.

Es gibt bekannte Phobien, wie die Platzangst (Agoraphobie), man reagiert übersteigert ängstlich auf Spinnen, Schlangen, kann nicht mehr Brücken überqueren etc., oder man steigert sich in eine phobische Angst vor Krankheiten hinein. Die Ursachen liegen in unserer Psyche begraben und werden durch reale Ereignisse ausgelöst, ähnlich wie bei traumatischen Störungen, die noch schwerer zu verkraften und zu bewältigen sind als generalisierte Ängste und Panikstörungen. Unsere Erfahrungen mit Gewalt, Vergewaltigung, Krebsdiagnose, Tod des Partners sind so einschneidend und traumatisierend, dass wir total hilflos, verängstigt und verzweifelt nach Hilfe suchen müssen, denn wir stehen diesen Kräften ohn-mächtig gegenüber. Solche Schicksalseinbrüche, überhaupt wenn sie in jungen Jahren geschehen, sind durch ihre Intensität nur schwer alleine zu bewältigen.

Depression

Viele, die sich in einer melancholischen Stimmung befinden oder sich bedrückt, apathisch und niedergeschlagen fühlen, glauben, depressiv zu sein. Meist sind es aber "nur" Stimmungsschwankungen, grüblerische und desolate Phasen, die als Folge eines traurigen Ereignisses ganz natürliche Reaktionen und wichtig sind, um Krisen und Trauer zu bewältigen und zu verarbeiten. Ein „gesunder" Trauriger kann sich nämlich zeitweilig freuen, ärgern oder wütend werden, während ein Depressiver nichts mehr empfinden kann, sich hoffnungslos einer dunklen Zukunft ausgeliefert fühlt.

Betroffene und Angehörige fragen sich natürlich nach dem Sinn einer Depression. Wozu all das Leid? Und: was kommt danach? Wer eine schwere Depression überwinden konnte, hat zumindest die Chance, durch ein Nachsinnen über die Ursachen seiner Erkrankung (wie in früher Kindheit entstandene Traumata) an Bewusstheit und Identität zu gewinnen. Er ist durch eine Hölle gegangen, ist seinen Dämonen in Gestalt von Vater und/oder Mutter begegnet, die er bestenfalls akzeptieren konnte; er muss sie ja nicht gleich lieben. Im günstigsten Fall hat er durch die bitteren Erfahrungen Reife und Gelassenheit gewonnen und empfindet vielleicht sogar Dankbarkeit und Trost. Immerhin: Man fühlt wieder!

Finsternis der Seele: Die Geschichte von Stefan

Stefans primäre Problematik lag im Verhältnis seiner Eltern zueinander: Über seiner gesamten Kindheit herrschte ein äußerst gespanntes Reizklima. Durch ihre Konflikte fühlte sich Stefan schon als Kind massiv bedroht und konnte sich den unerträglichen Streitereien auch nicht entziehen. Der Vater war ein arbeitsamer Tischler, der an seinen fünf Kindern (Stefan war der Zweitälteste) weder ein spürbares Interesse hatte, noch Anerkennung geben konnte, stattdessen gerne deren Schwächen aufdeckte und sie kritisierte.

Die Erziehung lag bei der Mutter, die nach einer gescheiterten Beziehung Stefans Vater heiratete und vergeblich hoffte, dass ihre Gefühle sich für ihren Mann im Laufe der Zeit positiv entwickeln würden. Stefan erzählte, dass seine Mutter sich zwar um die Kinder kümmerte, sich in deren Probleme auch hineindenken konnte, aber natürlich nicht realisierte, welche Auswirkungen die starken Spannungen mit ihrem Mann auf Stefan haben würden.

Stefan erinnerte sich, dass sich die herbe, wortarme Kommunikation mit seinem Vater auf Pflicht und Arbeit beschränkte. Stefan blieb keine Wahl, als sich durch Leistung, Ehrgeiz oder übersteigerte Zielsetzung selbst zu überfordern, um auf diesem Weg wenigstens etwas Anerkennung und Liebe zu erhalten. Das gelang nicht, es hagelte nur Kritik statt Lob. Hier ist also der Beginn seines mangelnden Selbstwertgefühls und seiner lebenslangen Versagensangst zu finden. Freude zu empfinden, fällt ihm schwer, er betrachtet sich (und andere) überkritisch und verhält sich fast wie sein Vater früher.

Die Mutter verlangte viel von sich selbst, erfüllte ihre Pflicht, war aber massiv überfordert, eine Nervosität und Reizbarkeit, durch die er innerlich nicht zur Ruhe kam und Geborgenheit finden konnte. Das für ihn so wichtige Bedürfnis nach Sicherheit und Stabilität beherrscht noch heute alle seine Gedanken und Entscheidungen.

Im Gymnasium hatte er übergroße Angst vor Klassenarbeiten und Prüfungen, obwohl er zu den besten Schülern gehörte. Nach dem Abitur begann er ein Architektur-Studium in einer Großstadt – endlich fort von den Eltern und provinzieller Enge. Mit zwanzig Jahren, vor dem Vordiplom, traten zum ersten Mal massive Versagensängste auf mit Schlaflosigkeit, Erschöpfungs- und Angstzuständen, sodass er einen Therapeuten aufsuchte, dessen medikamentöse Behandlung ihm aber nicht half. Es folgte ein 3-monatiger Klinikaufenthalt, der ihm keine Linderung seiner Symptome verschaffte, geschweige denn der Ursache seiner „neurotischen Fehlentwicklung" (so die Diagnose) näher brachte.

Hier brachen also, meine ich, zum ersten Mal die unverarbeiteten Konflikte der Kindheit aus und äußerten sich in ausgeprägter Schwermut, Mut- und Hoffnungslosigkeit und vor allem Versagensängsten. Folgen also der Herabsetzungen durch den Vater. Doch dann ging es wieder bergauf, und ein Jahr später verliebte sich Stefan – wie er sagt – „euphorisch" (ein von Stefan äußerst selten benutztes Wort). Er holte seine Freundin nach Berlin, wo sie ihn dann schon bald und abrupt verließ. Durch diese Trennung geriet er in eine schwere Depression, in deren Verlauf er sich die Pulsadern aufschnitt, zunächst auf eine Kriseninterventionsstation kam und danach einige Zeit in der Klinik verbrachte. Das war der Beginn seiner chronischen Erkrankung.

„Was als Depression bezeichnet und als Leere, Sinnlosigkeit des Daseins, Verarmungsangst und Einsamkeit empfunden wird, erweist sich immer wieder als die Tragik des Selbstverlustes bzw. der Selbstentfremdung, die immer in der Kindheit ihren Anfang nimmt". Und: *„Die Depression lässt sich also verstehen als ein direktes Signal des Selbstverlustes, der in der Verleugnung der eigenen*

Gefühlsreaktionen und Empfindungen besteht. Diese Verleugnung begann im Dienste der lebensnotwendigen Anpassung aus Angst vor dem Liebesverlust in der Kindheit Darum weist die Depression auf eine sehr frühe Verletzung hin." (Alice Miller: Das Drama des begabten Kindes)

Stefans übermäßige Angsterwartung setzte sich auch nach erneutem Klinikaufenthalt fort, er quälte sich durchs Studium und machte trotz allem seinen Abschluss mit der Note „Sehr gut"(!). Er fühlte sich aber nicht in der Lage, seinen Beruf als Architekt auszuüben. Er sagt dazu: „Die Versagensängste hatten von mir Besitz ergriffen". Dennoch versuchte er, in einigen Architekturbüros (projektweise als freier Mitarbeiter) zu arbeiten, erlitt Zusammenbrüche, wurde aber von den jeweiligen Mitarbeitern mit viel Verständnis behandelt. Mit 35 Jahren war Schluss mit der Architektur, weil er nun endgültig etwas suchte, das ihn nicht so stark belastete. So fuhr er fünf Jahre Taxi, bis er arge Rückenprobleme bekam, für die es keine konkrete Diagnose und somit auch keine gezielte Therapie gab.

Das Taxifahren musste er schließlich aufgeben, und danach verschlimmerte sich seine Depression derart, dass er wieder in ein Krankenhaus eingewiesen wurde. Dort behandelte man ihn mit Gesprächen und Beschäftigungstherapie, jedoch ohne Tabletten. Stefan war von der Sinnlosigkeit seines Aufenthalts überzeugt, aber er wusste keinen anderen Ausweg. Als die „normale" Aufenthaltsdauer für solch einen Depressionsfall zu Ende ging, wurde Stefan entlassen. Was sollte er nun tun nach so vielen vergeblichen Versuchen in Kliniken, mit Ärzten, Therapien mit und ohne Tabletten? Angst, Panikattacken und Hoffnungslosigkeit blieben stets präsent und ließen ihn auch nachts nicht mehr schlafen.

Stefan stürzte sich schließlich aus seiner im vierten Stock gelegenen Wohnung – und überlebte. Die körperlichen Folgen seines Suizidversuches waren ein Beckenbruch und Gelenkzertrümmerung an den Füßen. Angesichts dieses Sturzes aus so großer Höhe grenzen die relativ geringen Verletzungen an ein Wunder. Stefan konnte es damals nicht fassen, überlebt zu haben; doch er wollte nicht leben, versuchte vergeblich, die Infusionsschläuche zu entfernen, und so stellte man ihn massiv mit Medikamenten ruhig.

Er wurde nach sechs Monaten entlassen. Als dann seine Rente genehmigt wurde und damit die tief sitzende Existenzangst verschwand, ging es langsam bergauf. Zwei Jahre später jedoch wurden die Depressionen wieder schlimmer, und er wies sich selbst in eine Klinik ein, wo er mit medikamentöser Therapie und Schlafentzug behandelt wurde. Stefan war es inzwischen egal, welchen Behandlungen er sich aussetzte, wenn sie nur erfolgreich waren.

Und die richtigen Medikamente bewirkten, was die Psychotherapien nicht geschafft hatten. Stefans Zustand ist seitdem unverändert gut, und er hat nach und nach Strategien entwickelt, die ihn vor weiteren Abstürzen schützen: Er stellt keine hohen Anforderungen an sich, strukturiert seinen Alltag, gönnt sich Ruhe und Muße und hält Stress jeglicher Art von sich fern. Seine Rationalität, Bodenhaftung und gesunder Menschenverstand helfen ihm, sein Leben nicht nur zu ertragen, sondern auch zufrieden, ja sogar glücklich, zu sein. Man sieht an diesem Beispiel: Nicht immer führt eine psychotherapeutische Aufarbeitung der Kindheit zum Erfolg!

Die Borderline-Persönlichkeitsstörung

Die wichtigsten Kriterien einer Borderline-Störung sind: Panische Angst vor (auch eingebildetem) Verlassenwerden, instabile, meist chaotische Beziehungen, die zwischen extremer Idealisierung und Abwertung schwanken, selbstzerstörerisches Verhalten (Bulimie, Alkoholismus, Drogen, Selbstverletzungen), aggressive und impulsive Emotionen, schwaches und labiles Selbstwertgefühl und Gefühle der Sinnlosigkeit.

Der Borderliner hat einschneidende Erlebnisse in seiner Kindheit erleiden müssen, aber auch ererbtes Temperament und angeborene Charakterzüge spielen eine Rolle. Menschen, die einen Elternteil durch Tod oder Scheidung verloren haben, die in chaotischen Verhältnissen aufwuchsen, in der Herkunftsfamilie der paradoxen Kommunikation, also Doublebinds, ausgesetzt waren, gehören zu den potenziell Betroffenen. Es konnte aber nachgewiesen werden, dass die vor genannten Kriterien bei Erkrankten gefunden wurden.

Die schreckliche Angst vor Einsamkeit und Trennungen resultiert aus unverarbeiteten Kindheitserfahrungen. Durch große Verlustängste müssen die vom Borderliner immer sehr intensiv erlebten Beziehungen daher kontrolliert werden und verursachen tiefe Ängste in seinen Beziehungen. Die ständige Achterbahn der Emotionen ist auch für den Partner eine Qual, aber der Borderliner kann einfach keinen Mittelweg finden. Er hat maßlose Ansprüche, ist aber kaum in der Lage, seinerseits Harmonie und Zuverlässigkeit zu schenken. Oftmals sucht er sich einen Partner, der ihm Selbstzweifel und Unsicherheit nehmen soll. Wenn der dann allerdings menschliche Schwächen zeigt, wandelt sich die Idealisierung in heftige Aggression.

Die starken Stimmungsschwankungen, das selbstzerstörerische Verhalten und die explosiven Wutausbrüche sind nicht vorherzusehen, und das macht das Leben mit einem Borderliner zu einer Gratwanderung. Hinzu kommen noch die Angst- und Panikgefühle sowie die starke Depressionsneigung. In Unkenntnis der Ernsthaftigkeit der Erkrankung wird der Betroffene als exaltiert, exzentrisch, ziemlich verrückt oder von schwierigem Temperament bezeichnet, und man lernt ihn so zu ertragen, wie er ist. Er kann aber auch sehr einfühlsam und großzügig sein, sich mit Hingabe um Kranke, Alte und Kinder kümmern, was seine Angehörigen nicht mit seiner sonstigen Art in Einklang bringen können. Eines der wesentlichsten Merkmale dieser Erkrankung ist die Bulimie, die anscheinend sehr gut geheim gehalten werden kann.

Prinzessin Diana

Es ist bekannt, dass Prinzessin Diana an dieser Borderline-Persönlichkeitsstörung litt, sehr gut durch die Biografie „Diana – Auf der Suche nach sich selbst" dokumentiert. Dianas Kindheit zerbrach im Alter von sechs Jahren, als ihre geliebte Mutter die Familie verließ. Der bemühte Vater konnte die Mutter nicht ersetzen, er war physisch und psychisch oft abwesend, und Diana reagierte auf seine sporadische Abwesenheit extrem ängstlich mit wachsender Furcht vor Verlassenwerden. Ihre labile Psyche wurde immer weniger belastbar und nach der Heirat mit Prinz Charles begannen die schweren Symptome.

Diana sagte über sich selbst: *„Ich fühlte mich immer anders als alle anderen, vollkommen losgelöst…Ich hatte ständig den Eindruck, eigenartig zu sein. Ich wusste aber nicht, warum…Es war, als lebte ich in der falschen Schale."* (Sally Bedell Smith: Diana – Auf der Suche nach sich selbst). Ich vermute, dass sie auch zu den Hochsensiblen zählte, was ihr Erleben noch verschlimmerte.

Ihre Depressionen, Angstattacken, Bulimie und Aggressionen verstärkten sich zusehends, hinzu kamen Selbstverletzungen. Ihre Zerrissenheit stellte alle vor ein Rätsel: Sie konnte Freunden und Hilfsbedürftigen gegenüber gütig und mitfühlend sein, doch bei der leisesten Enttäuschung erfasste sie eine grausame Wut. Ihre Emotionen schwankten zwischen untröstlichem Kummer und heftigem Zorn. Sporadische Therapien zeigten keine Wirkung, da das wahre Leiden, eben die Borderline-Erkrankung, nicht behandelt wurde. Häufig werden die Ursachen im Außen gesucht, aber dort können sie dem Betroffenen nur begegnen, weil sie auch in ihm sind.

Der Süchtige - Flucht in die Sucht

„Eine Sucht entsteht allemal dort, wo gesucht und nicht gefunden wird.“
(Alexander Mitscherlich)

Die Lebensgeschichten Süchtiger sind leidvoll, aber mit etwas gutem Willen kann man nachvollziehen, warum sie mit Alkohol, Medikamenten und Drogen ihr Bewusstsein verändern oder sich selbst entfliehen wollen. Viele hatten eine schlimme Kindheit, völlig unabhängig von ihrem sozialen Status. In der Upperclass sind schmerzhafte Kindheitsprägungen nur weniger offensichtlich.

Der Mechanismus der Sucht ist im Grunde ziemlich simpel: Hat man einmal erfahren, um wie viel leichter es nach einem Glas Alkohol geht, um wie viel mutiger oder gelassener man reagiert, wenn man Drogen nimmt, dann benutzt man diese „Stärkungsmittel“ bis zum Missbrauch. Wer Abhängigkeits- und Sucht-Verhalten kennt, ahnt, wie es in den Betroffenen aussieht, welche Qualen sie durchleben. Erst eine totale Katastrophe in allen Lebensbereichen, eine lebensbedrohliche Krise ermöglichen manchmal einen Neubeginn.

Viele erschaffen sich auch eine Atmosphäre, die sie aus der Kindheit gewohnt sind, in einer alkoholisierten Umgebung fühlen sie sich „wie Zuhause“, wenn Vater oder Mutter ihr Vorbild waren. Aber auch ohne trinkende Eltern versuchen sie, der Sinnlosigkeit des Lebens zu entfliehen, frei von Angst zu sein, sich geliebt und geborgen zu fühlen.

Sehr viele Süchtige sind voller Sehnsucht, die viel tiefer geht, als „nur“ vor zu großen Problemen zu flüchten, nämlich das Urbedürfnis nach Liebe und Bestätigung. Narzisstische Verwundete und Hochsensible scheinen den Verlockungen der Sucht besonders stark zu erliegen. Den meisten Suchterkrankungen liegen vor allem schmerzhafte

Kindheitserfahrungen und Beziehungsstörungen zugrunde, deren Verursacher die Eltern waren. Ob man als Kind verwöhnt oder lieblos behandelt wurde: die tieferen Kontakte zu sich selbst und zu anderen sind gestört, sie sind sich selbst entfremdet. Verlassenheits- und Minderwertigkeitsgefühle, seelische Verletzungen, Ungerechtigkeiten, übermäßiger Leistungsanspruch oder überhaupt Erwartungshaltungen, die sie überfordern, erzeugen in ihnen Ängste, die sie allein nicht bewältigen können. Vor allem fehlt die Hoffnung - *verstanden* zu werden, das Vertrauen, sich einem Menschen mitzuteilen, jemandem von ihren inneren Schmerzen zu erzählen. Alles was einem in der Kindheit fehlte oder abhanden kam, sucht man nämlich später sein Leben lang.

Zur Überwindung seiner Sucht muss man ehrlich werden, aufhören, sich selbst, aber auch andere, zu belügen, denn das führt zu einem Teufelskreis von Lügen und unehrlichen Beziehungen. Solange man in der Lüge lebt, ist eine Entwicklung nicht möglich. Nur Ehrlichkeit, erkennen und aufarbeiten, was einem in der Kindheit angetan wurde, kann die Heilung fördern.

Der wahre Ursprung einer Sucht ist eigentlich nicht die Droge, sondern verdrängte Sehnsüchte, unausgelebte Träume, abgespaltene Gefühle, Tränen, die nicht fließen durften und Wörter, die verschluckt werden mussten. Süchtige sind Suchende, die finden müssen, um zu überleben. Haben sie sich einmal verzweifelt, aber mutig auf den Weg gemacht und aus tiefstem Herzen den Vorsatz gefasst, ihre Sucht zu überwinden, dann wird nicht selten die Heilung wie ein Akt der Gnade erlebt:

„Die Gnade trifft uns, wenn wir in großer Not und Unruhe sind. Sie trifft uns, wenn wir durch das dunkle Tal eines sinnlosen und leeren Lebens wandern. Sie trifft uns, wenn unser Ekel vor unserem eigenen Sein, unserer Gleichgültigkeit, unserer Schwäche, unserer Feinseligkeit,

unserem Mangel an Richtung und Gelassenheit uns unerträglich geworden ist. Sie trifft uns, wenn Jahr um Jahr die ersehnte Vollendung unseres Lebens nicht zustande kommt, wenn uns wie vor Jahrzehnten alte Zwänge beherrschen, wenn die Verzweiflung alle Freude und allen Mut zerstört. Manchmal, und es ist, als spräche eine Stimme: Du bist angenommen, *angenommen von dem, der größer ist als du und dessen Namen du nicht kennst.....Suche nichts; leiste nichts; plane nichts. Nimm einfach die Tatsache an, dass du angenommen bist."* (Paul Tillich: „Das neue Sein")

Essstörungen – Wenn die Seele hungert

Wir kennen wohl alle die Geschichte vom „Suppen-Kaspar" (aus „Struwwelpeter" von Heinrich Hoffmann). Man geht heute davon aus, dass es sich hierbei um die reale Begebenheit eines Jungen handelt, der 1834 im Alter von nur neun Jahren verstarb. Als Todesursache wurde in den Kirchenbüchern „Verweigert Nahrungsaufnahme" angegeben. Somit wäre der Suppen-Kaspar der erste bekannte Anorexie-Fall, dessen Ursachen allerdings im Dunkeln bleiben.

Heute weiß man seit langem schon, dass Essstörungen seelischen Ursprungs sind und wie alle Süchte einen zwanghaften Charakter haben. Nahrungsverweigerung, Essattacken mit anschließendem Erbrechen und übermäßiges Essen sind nur die Symptome, und die meisten Versuche, die Störungen zu bewältigen, scheitern, wenn die zu Grunde liegende Problematik nicht erkannt und aufgelöst wird.

Schauen wir uns zunächst die bekanntesten Essstörungen genauer an: Immer häufiger leiden bereits Jugendliche an der Fettsucht (Adipositas). Besonders Frauen mit starkem Übergewicht werden diskriminiert – stark übergewichtige Frauen werden als „fett", Männer hingegen als „stattlich" bezeichnet -, was schließlich zu Depressionen und Selbstverachtung führen kann. Der eigene Körper wird abgelehnt, und der Konflikt zwischen dem Wunsch nach Schlankheit und den stets nagenden Essensimpulsen ist groß. Nicht selten kommt man an den kritischen Umschlagpunkt, der in der Bulimie oder Anorexie gipfeln kann.

Die Bulimie ist der Anorexie verwandt, sie ähneln einander, und die Übergänge sind fließend, können auch mit einer Mischung der Symptome auftreten, die man dann Bulimanorexie nennt. Allerdings unterscheiden sie sich darin, dass der

Anorektiker, also der Magersüchtige, stark untergewichtig ist mit einer panikartigen Furcht vor Gewichtszunahme, die ihn jegliches Essen verweigern lässt. Der Bulimiker hingegen leidet unter unkontrollierten Fressanfällen mit anschließendem Erbrechen. Er kann übergewichtig sein, will durch seine ihn krank machenden Maßnahmen entweder abnehmen oder zumindest sein Gewicht halten, aber die wirklichen Ursachen liegen nur vordergründig in der Kontrolle des Gewichts, sie sind viel tieferen Ursprungs.

Die Herkunftsfamilien der Essgestörten sind von großer und weitreichender Bedeutung und das Essverhalten der Familienmitglieder ein bestimmender Faktor: endlose Diäten der Mutter, ständiger Streit bei Tisch, Kinder müssen alleine essen, weil die Eltern nicht anwesend sein können etc. Die Erstgeborenen sind oftmals mit der Verantwortungsübernahme für ihre jüngeren Geschwister und den Haushalt überfordert. Viele Konflikte werden totgeschwiegen, Perfektionismus und ein nach außen demonstriertes Zusammengehörigkeitsgefühl sind meist ein unausgesprochenes Gebot. In vielen Familien sind keine individuelle Entfaltung und Abgrenzung möglich, die Suche nach der eigenen Identität gestaltet sich frustrierend oder als äußerst schwierig. Gerade die Anorexie beginnt meistens während der Pubertät, und die Betroffenen sind mit ihrer Identitätssuche und vergeblichen Kämpfen um Selbstbestimmung überfordert.

Vor allem bei der Adipositas, aber auch bei der Bulimie und Anorexie, begegnen wir dem schon früh gestörten Muster des Liebens und Geliebtwerdens, der Unfähigkeit oder fehlenden Empathie der Mutter, die sich in die Bedürfnisse des Kindes nicht einfühlen kann. Manchmal hat es Hunger und bekommt nichts, dann wiederum ist es satt und muss trotzdem essen. Viele überforderte Eltern oder auch mit erziehende Großeltern stopfen Essen in das Kind hinein, um es ruhig zu stellen, das heißt sie selbst wollen ihre Ruhe haben. Oder aber: Wenn das

Kind „brav" ist, wird es mit Süßigkeiten belohnt und wenn es „böse" ist mit Nahrungsentzug bestraft. Dass dies nicht ohne Folgen auf das spätere Essverhalten bleiben kann, versteht sich.

„Wird das Kind etwa gefüttert, statt gehalten, wird es später versuchen, Alleinsein mit Essen oder Süßigkeiten zu füllen. Auch als Erwachsene wird es ihr außerordentlich schwer fallen zu unterscheiden, ob sie Essen oder Nähe braucht...Werden seelische Bedürfnisse mit Essen beantwortet, wird nur eine vorübergehende Befriedigung eintreten, da der eigentliche emotionale Mangel nicht behoben ist. Auf der anderen Seite lernen diese Menschen, jegliches Unbehagen durch Nahrungsaufnahme zu beeinflussen...Körperliche und seelische Bedürfnisse werden als unspezifisches Gefühl von Hunger wahrgenommen und unspezifisch mit Essen beantwortet." (Bärbel Wardetzki: Weiblicher Narzissmus)

In den Medien werden Essstörungen vor allem auf den Schlankheitswahn unserer Zeit zurückgeführt: Dünn ist schön, schlank bedeutet Erfolg! Aber diese Erklärung ist zu simpel, denn Heranwachsende, die in einer intakten Familie aufwachsen, in ihrer Identitätsbildung nicht behindert werden und ein gesundes Selbstbewusstsein aufbauen können, mögen die eine oder andere Diät ausprobieren, aber weder esssüchtig noch magersüchtig werden.

Die Essstörungen unterscheiden sich in vielen Ursachen, aber allen gemeinsam sind:
- Labiles Selbstwertgefühl, Versagensängste, schlechtes Selbstbewusstsein
- Vernachlässigung
- Mangel an Vertrauen und Liebe
- Überforderung
- Festhalten an der heilen Kinderwelt
- Unterdrückte Sehnsucht nach Zuwendung und Geborgenheit.

184

- Abwehr gegen Bedürfnisse und Gefühle, besonders der Verlassenheit und Trennung
- Abwehr von Enttäuschung, Schmerz und Wut
- Trost im Essen finden, wenn Konflikte zu groß werden

Auch finden wir bei Essgestörten häufig ein Kindheitstrauma, wie zum Beispiel sexuellen Missbrauch, bei dem der Täter meistens im familiären Umfeld zu finden ist. Der Essgestörte, also das Opfer, wagt es nicht, sich zu behaupten oder Grenzen zu ziehen, er erfüllt die Erwartungen seiner Familie und bleibt sich selbst fremd.

Da also die Ursachen allzu oft in der Kindheit oder der Familie zu finden sind, verstärkt eine Familientherapie die Heilungsaussichten, wenn die Essstörung erkannt werden. Nicht nur Süchtige verleugnen über lange Zeit ihre Krankheit vor sich und anderen, sondern auch die Angehörigen schauen aus Angst und Hilflosigkeit weg. Die Erkenntnis, dass ihr Kind essgestört ist, hat Auswirkungen auf die gesamte Familie und ruft Entsetzen, Kontrolle, Schuldgefühle, Ärger und Wut hervor. Dem Süchtigen jedoch kann (wie bei jeder anderen Sucht) erst geholfen werden, wenn dieser kapituliert und erkennt, dass der Leidensdruck nicht mehr auszuhalten ist und er so nicht mehr leben will. Er ist an einem Tiefpunkt angelangt, der gleichzeitig ein Umschlagpunkt werden kann.

Auch hier sind wieder die Hochsensiblen besonders gefährdet, da sie mit ihren tausend Antennen eine überdurchschnittliche Wahrnehmungsfähigkeit haben und jegliche Unstimmigkeit in ihrem (elterlichen) Umfeld bei ihnen „ankommt". Auch die Sehnsucht nach Geborgenheit und der heilen Welt ist ja bei Hochsensiblen besonders stark ausgeprägt, sodass sie mit der Realität nur zu schnell in Konflikt geraten.

III. Wie befreie ich mich von den Schatten der Kindheit?

Wenn man beginnt, sich von den Schatten der Kindheit zu befreien, kann es zu Turbulenzen kommen. Dieser Prozess braucht Geduld, wobei sich Fortschrift und Stagnation ablösen. Diese mühevolle Entwicklung muss ausgehalten werden, und man darf sich von Abstürzen in alte Verhaltensweisen und Gefühlsmuster nicht beirren lassen. Und vor allem: Jeder braucht *seine* Zeit.

Die alten Überzeugungen, die von den schlechten Erfahrungen der Kindheit herrühren, sind hartnäckig, und die Stimmen und abwertenden Ansichten der Eltern verfolgen einen noch lange. Hier sollte man kritisch prüfen, ob sich diese festgesetzten Herabsetzungen nicht längst überholt haben, besser noch, ob sie je gerechtfertigt waren, denn meist waren sie das eben überhaupt nicht! Man muss neue bejahende Überzeugungen bilden, denn je mehr Positives man an und in sich erkennt, desto besser wird die Selbsteinschätzung. Auch Hochsensible, die früher allzu oft gehört haben, wie schrecklich empfindlich und mimosenhaft sie doch seien, sollten nach und nach lernen, ihre zwar nicht einfache, aber doch sehr schöne Veranlagung schätzen zu lernen und die Welt aus ihrem ganz speziellen Blickwinkel zu betrachten.

Es ist ebenfalls wichtig, seine Gedanken zu beobachten und zu korrigieren, denn jeder negative Gedanke beeinflusst bekanntlich die Gefühlswelt. Jeder kennt es, dass die Stimmung plötzlich umschlägt, obwohl es keinen äußeren Anlass gibt. Ein unangenehmer Gedanke weht einen an: Man sollte ihm nachspüren und sich mit den sich einstellenden Assoziationen beschäftigen, um seinen Ursprung zu ergründen. Fast immer landet man in der Kindheit, denn dort begann er. So kann man die unverarbeiteten Wunden aufspüren, denn sie wollen gespürt werden. Hilfreich ist es, seine Gedanken aufzuschreiben, um sich ihnen und der damit verbundenen Thematik später noch intensiver widmen zu können.

Erst wenn man zu fühlen beginnt, dass einem etwas fehlt, lernt man sein Gefühlsdefizit kennen. Langsam kann man kleineren Gefühlsregungen vertrauen lernen und versuchen, sie auszudrücken: Eine freundliche Geste und Umarmung, ein einvernehmliches Lächeln und kleines Streicheln. Man wird dann meist auch einen Menschen finden, dem man vertraut und der einem hilft, die Wunden der Kindheit zu begreifen. Einen wissenden Zeugen also, um all die Erinnerungen an eine leidvolle Kindheit etwas besser ertragen zu können. Natürlich kann das auch ein Psychotherapeut sein, aber auch ein empathischer Mensch, ein liebevoller Freund, der ähnliche Erfahrungen durchlebt, bewältigt und die Kraft zu Autonomie und Selbstwerdung gefunden hat. Er könnte einen ermutigen, seine Gefühle ans Tageslicht zu bringen, endlich zu leben, sich zu öffnen, und seine Probleme transparent zu machen. Vorsicht vor Pathos und Übertreibung! Oft sind „große Gefühle" nur kurzlebige Emotionen, die weder das eigene noch das Herz anderer wärmen.

In den nächsten Kapiteln finden sich weitere Anregungen, wie man mit den Schatten der Kindheit besser umgehen, ihn aufhellen oder sogar hinter sich lassen kann. Erinnerungen werden zu Erfahrungen, man wird an sie denken können, ohne zu leiden und von ihnen beherrscht zu werden.

Wie sinnvoll sind Therapien?

Der deutsche Psychiater Wilhelm Griesinger schrieb bereits 1845, dass nicht die Therapie die beste ist, die den Gefühlen des Arztes gut tut, sondern die, die dem Patienten hilft. Und das stimmt noch immer. Ein Therapeut hat seine eigene Vita, seine Probleme, zu denen eben auch leidvolle Kindheitserfahrungen gehören können. Er sollte neutral bleiben, den Prozess objektiv begleiten, ohne subjektiv einzugreifen. Manchmal ist es nötig, ihn zu wechseln, wenn „die Chemie" nicht stimmt.

Stellen wir uns vor, wir geraten an einen Therapeuten, der sein Handwerk versteht, die psychoanalytischen Richtlinien befolgt, und uns zuhört, ohne eine Gefühlsregung zu zeigen. Wir schildern die grausamsten Misshandlungen, die wir in unserer Kindheit ertragen mussten, Bedrohungen in unseren Träumen, unsere körperlichen Beschwerden und Depressionen. Oder: Wir sprechen unsere massiven Probleme mit unserem Partner an, unseren Kindern an, unsere unkontrollierbaren Wutanfälle und Essstörungen und hoffen, dass der Therapeut mit uns die möglichen Ursachen erforscht, wie zum Beispiel das Thema Elternhaus. Er aber stellt sich auf die Seite der Eltern, des Partners und äußert die Vermutung, dass wir ihm Phantasiegebilde erzählen.

Da viele Menschen, eben auch Therapeuten, niemals ihre Eltern in Frage stellen würden, Schläge und drastische Strafen bagatellisieren („Die hatte ich auch verdient") und außerdem das vierte Gebot für unantastbar halten, kann der Versuch, die möglichen Ursachen in der Kindheit zu finden, schon im Vorfeld scheitern. Ein Therapeut, der seine schwierige Kindheit verarbeitet zu haben meint und seinen Eltern vergeben hat, wird auch seinen Patienten dazu raten. Hinzu kommt, dass manche Psychotherapeuten christlich-religiös geprägt sind und daher nicht als „wissende Zeugen" für die Verzweiflung des missbrauchten Kindes agieren, sondern als Moralapostel.

Dem Therapeuten sollte es um das Wohl seines gebeutelten Patienten gehen, den er durch die Irrfahrten der früheren Hölle begleitet. Er sollte auf der Seite seines Patienten sein, dessen damalige Bedrohung mitempfinden und versuchen, die Gespenster der Vergangenheit und die destruktiven Gefühle zu erkennen, zuzulassen und sie umzuformen. Patienten spielen zunächst gerne ihr einstiges Leiden herunter. Auch haben sie die Tendenz, sich selbst schuldig zu fühlen, ehe sie die Eltern verantwortlich machen. Ein empathischer Therapeut schaut aber hinter die Fassade und erkennt und fühlt die Not seines Patienten und die verborgene Wahrheit. So sollte es wenigstens sein.

Für Hochsensible ist ein Gang zum Therapeuten meist wenig sinnvoll, denn diese Veranlagung scheint noch nicht bekannt zu sein, und so sucht man vergebens Verständnis und Einfühlung. Einige meinen, man suche mit einem neuen psychologischen Terminus nur ein Alibi für seine unangepassten Verhaltensweisen. Hier empfehlen sich Gruppen, die sich in sehr vielen Städten gebildet haben, um gemeinsam Schwierigkeiten zu lösen und sich gegenseitig zu stützen und zu stärken.

Trauerarbeit

Erwachsene, die in der Kindheit verwundet und um die Liebe der Eltern betrogen wurden, haben sich von Vater und Mutter distanziert; sie wollen nicht mehr an sie denken, geschweige denn, sie noch mal sehen. Diese äußere Trennung und innere Unterdrückung der Gedanken und Gefühle klärt nichts, denn alles, was damals geschehen ist und einen emotional so belastet hat, „dümpelt" noch im Unbewussten. Trauer erfordert Bewusstwerdung, und nur in dem Maße, wie man sich seiner verdrängten Erfahrungen gewahr wird, wird man stärker und freier.

Trauer gehört zum Leben, ohne sie kann man erkranken. Besser ist es also, den Schmerz der Erinnerung zu ertragen, die Vernachlässigungen der Kindheit als unwiederbringlich hinzunehmen und den eigenen Zorn darüber auszuhalten. Er ist Teil der Trauerarbeit und wird vergehen. Die meisten Abschiedserfahrungen sind mit Trauer verbunden, und es ist wichtig, auch dieses Gefühl zuzulassen. In ihrem Buch "Sich einlassen und loslassen" schreibt Verena Kast:
"Trauer ist die Emotion der Wandlung", und: *„Und nur durch das Aushalten und Durchtragen dieses Trauerprozesses geschieht wirklich Wandlung."* Dann erst ist man bereit für neue Perspektiven, da die Energien nicht mehr an die negativen Emotionen gebunden sind bzw. für Abwehrmaßnahmen benötigt werden.

Dieses Loslassen alter Prägungen der Kindheit, uns damals aufoktroyierter Verhaltensmuster, die unselige Erinnerung an Vater und Mutter ist schwer. Zwar spricht heute jeder leichthin von „Loslassen", es ist schon fast ein geflügeltes Wort, aber keiner weiß so recht, wie es geht. Wie auch immer: Ohne geht es auch nicht.

Das, was man verloren oder verpasst hat, macht einen zu recht tief traurig, und wenn man die Konsequenzen des Verlorenen bedenkt, wird man noch trauriger. Diese Trauer allerdings ist ein Vorbote der Gesundung, die *ihre* Zeit - nicht unsere Vorstellung davon - braucht.

Wenn man tief nach innen geht, findet man dort das kleine Kind, das unendlich traurig und verbittert ist, das niemals richtig um die ihm entgangene Liebe geweint hat, das in den Arm genommen, getröstet werden und Liebe und Geborgenheit fühlen will. Man muss sich in dieses Kind hineinversetzen. Wenn sich die Gefühle der Kindheit wiederholen, dann sollte man mit seinem inneren Kind Kontakt aufnehmen und ihm vermitteln, dass man sich heute wehren und verteidigen kann und sein Leben nicht mehr in Gefahr ist, wenn jemand einem ähnlich begegnet, wie man es von früher her kennt. Diesem inneren Kind muss geholfen werden, die heutige Realität mögen zu lernen, Angst und Wut abzubauen und Gefühle zuzulassen.

Hören wir ihm also zu, es wird uns seine Geschichte erzählen, nach und nach werden wir freier und fröhlicher und lernen wieder, Liebe zu empfangen und zu schenken. Vielleicht schreiben wir auch einen Brief an Vater oder Mutter und sagen ihnen alles, was wir ihnen schon längst hätten sagen wollen, wobei es gar nicht mal wichtig ist, ob wir ihn auch abschicken. Wieder ist ein Schritt getan!

Vergebung

Zunächst einmal: Vergebung lässt sich nicht erzwingen! Und Vergebung geschieht auch nicht, solange man die Vergangenheit künstlich verschönt, zu vergessen sucht oder meint, die eigentlichen Täter lieben zu wollen oder zu müssen. Solange man seine Kindheit nicht verarbeitet hat, wäre es fast ein Wunder, wenn wir denen, die uns um sie betrogen haben, mit liebevollen Gefühlen begegnen könnten. Vergebung – das sagt sich so leicht. Oft ist das nur eine Ausrede, sich nicht der ganzen Wahrheit zu stellen.

Allerdings kann man Verständnis entwickeln, die Geschichte der Eltern anhören und nachsichtiger über sie urteilen. Wenn auch ihre Kindheit etwa von Missbrauch und Horror bestimmt war, kann sogar echtes Mitgefühl für sie entstehen. Das macht zwar unsere eigene Geschichte nicht ungeschehen, aber wenn wir verstehen, dass die Eltern selbst Gefangene ihrer unbewältigten Emotionen waren, die wiederum ihre Eltern zu verantworten hatten, unterstützt uns das auf unserem Weg mehr als eine pauschale Vergebung.

Menschen, die religiös erzogen wurden, vergeben vielleicht zu schnell, denn so verlangt es ihre Religion. Damit bringen sie sich aber um den so wichtigen Prozess der Aufarbeitung. Hilfreich wäre auf jeden Fall, wenn unsere Eltern ihre missbräuchlichen Handlungen von Herzen bereuten und dies auch so zum Ausdruck bringen würden, dass es bei dem Gepeinigten gefühlsmäßig ankommt. Allerdings sind viele der betroffenen Eltern schon verstorben oder so krank, dass ein Gespräch nicht mehr zustande kommen kann.

Wenn die Möglichkeit eines Gesprächs noch besteht, dann sollten wir diesen Schritt erst wagen, wenn wir uns sicherer fühlen. Es besteht die große Gefahr, dass wir in der

Konfrontation mit unseren Eltern wieder zu Kindern werden und uns wie hypnotisiert fühlen. Auch hat man tausend Gründe, das Gespräch nicht führen zu können („Das bringt sie um"). Dahinter steckt zwar vordergründig Verantwortung für ihr Wohlergehen (warum eigentlich?), die eigentliche Ursache ist aber Angst, die Angst des Kindes, das seine Eltern als unbarmherzig und übermächtig erlebt hat. Um ein Gespräch nicht von Vornherein zum Scheitern zu bringen, wäre es wichtig, sie weder anzuklagen noch zu verurteilen. Trotz allem: der Wunsch nach Versöhnung sollte uns leiten.

Wie auch immer, Vergebung kann niemals stattfinden, wenn Hass und Wut nicht erkannt und wir nicht erneut durch diese Emotionen hindurch gegangen sind. Ist der Prozess bewältigt, wird man freier entscheiden können, ob man seinen Eltern verzeihen will. Vielleicht gibt es sogar den Weg einer versöhnenden Annäherung, sodass aus den tiefen Wunden Narben entstehen, die nicht mehr schmerzen. Wir werden die uns zugefügten Misshandlungen nicht vergessen, aber die damit verbundenen Emotionen haben keine Macht mehr über uns.

Viele suchen Hilfe in spirituellen Bewegungen oder im „Positiven Denken". Hier besteht die Gefahr, dass wir uns durch Beschönigung und Sublimierung selbst betrügen. Wenn wir versuchen, durch Meditation und gute Gedanken Frieden in uns zu finden, uns unseren Zorn, Hass und die vielen Gewalterfahrungen aber nicht bewusst gemacht und aufgelöst haben, geht alles so weiter wie bisher.

Ein Buddhist erklärt sich den Sinn seines Lebens durch Karma, Wiedergeburt und Inkarnationen. Wie stellt sich ihm die Frage nach dem Warum einer missglückten Kindheit? Der Gedanke, dass diese leidvolle Erfahrung für ihn karmisch so vorgesehen war, löst den Schmerz zwar nicht auf. Doch vielleicht fühlt er sich dem Sinn allen Geschehens etwas näher verbunden, denn es könnte ja sein, dass er sich genau durch dieses Leid seinem Selbst, dem ihm inne wohnenden Göttlichen annähert und er durch universelle Vorsehung an diese Eltern geraten ist.

Wenn ich persönlich auf die mir bekannten vielen Lebensläufe und meinen eigenen Lebensweg zurückblicke, so scheinen mir aus der Rückschau viele Wege und Umwege und fast unüberwindbaren Probleme richtig und sinnvoll. Oftmals erkennt man ja erst viel später die schicksalhaften Fügungen, die uns die Erfahrungen brachten, die – aus welchen finalen Gründen auch immer – genau *so* für uns gedacht waren.

Aufarbeitung durch Bewusstwerdung

In den vorherigen Kapiteln habe ich immer wieder auf Bewusstwerdung und Aufarbeitung unserer leidvollen Kindheitsprägungen hingewiesen. Da dieses Thema, das Erinnern, so wichtig ist, möchte ich es noch mal zusammenfassen. Denn das Erinnern fördert schließlich die Gesundung, lässt uns die Gegenwart besser verstehen und ermöglicht uns, neue Wege einzuschlagen. Aber durch die zwar verständliche, jedoch trügerische Auffassung, schlafende Löwen lieber nicht zu wecken, werden wir weiterhin von verdrängten Gefühlen und Emotionen getrieben, die wieder und immer noch unsere heutige Handlungsweise bestimmen.

Unsere Eltern waren für uns als Kinder verantwortlich, nun aber sind wir erwachsen und müssen die Verantwortung für uns selbst übernehmen. Denn: Machen wir unsere Eltern weiterhin für unsere Probleme verantwortlich, scheint zwar unsere eigene Verantwortlichkeit aufgehoben, aber dadurch wird alles nur vordergründig einfacher. Der Preis, den wir dafür zahlen, ist hoch: Depression, Krankheit, Neurosen, falscher Umgang mit eigenen Kindern etc.

„Wir können unsere Vergangenheit nicht im geringsten verändern, die Schäden, die uns in der Kindheit zugefügt wurden, nicht ungeschehen machen. Aber wir können uns verändern, uns reparieren, unsere verlorene Integrität wiedergewinnen. Wir können dies tun, indem wir uns entschließen, das in unserem Körper gespeicherte Wissen über das vergangene Geschehen näher anzuschauen und es unserem Bewusstsein nahezubringen." (Alice Miller: Das Drama des begabten Kindes)

Manch einer, der sich auf den Weg zurück in seine traurige Kindheit macht, weiß gar nicht so recht, was ihm damals zugefügt wurde, nur *dass* etwas geschehen sein muss, das seinen Lebensweg so schwer macht. Aber was? Vielleicht ist man sogar bereit, seinen Eltern für ihre falsche Erziehung Verständnis entgegen zu bringen, aber wie kann man etwas verstehen, wenn man nicht einmal weiß, was mit einem geschehen ist? Bewusstwerdung ist also dringend nötig, durch sie erscheint die damalige Situation in neuem Licht, vielleicht noch schlechter, vielleicht aber auch positiver:

In manchen Fällen könnten wir durch dieses Nachspüren auch erkennen, dass sie uns nicht willentlich Schaden zugefügt haben. Die meisten Eltern sind zum Beispiel ihrem hochsensiblen Kind gegenüber ratlos. Warum reagiert es so zickig, so reizbar und empfindsam? Fast jede Mutter dürfte mit den ihr fremden Wesensseiten eines solchen Kindes überfordert sein, zumal wenn es an Vergleichsmöglichkeiten mangelt.

Wir mussten bisher alles verdrängen, um uns zu schützen, um überhaupt überleben zu können. Doch die Erinnerungen haben sich tief in uns vergraben und drängen bisweilen in unser Bewusstsein. Wir versuchen zwar, sie immer wieder zu verdrängen, doch das kostet Energie, die uns zur Bewältigung all unserer anderen Aufgaben und des Lebens fehlt. Aufarbeitung ist immer auch ein Prozess der Selbsterkenntnis und der Versuch zu verstehen, was einen ängstigt, deprimiert, misstrauisch und wütend macht. Er hat zum Ziel, weniger deformiert und lügenfrei durchs Leben zu gehen. Man sollte nach kreativen Lösungsmöglichkeiten suchen und destruktiven Tendenzen widerstehen. Was auch immer man ändern will, es wird nicht einfach, sondern langwierig und von Rückschlägen begleitet sein. Aber hat man die Wahl, wenn man so nicht mehr weiterleben will?

An schöne Momente aus der Kindheit sollte man dennoch erinnern, aber nicht, um alles Leid zuzudecken. Eine Kindheit war ja fast nie nur schlecht, und es gab ja auch freudige Erlebnisse – trotz allem. *„Hat ein Erwachsener das Glück gehabt, zu den Ursprüngen seines privaten, individuellen Unrechts in seiner*

196

Kindheit vorzudringen und es mit bewussten Gefühlen zu erleben, dann wird er mit der Zeit von selber,..., begreifen, dass seine Eltern ihn nicht aus Freude, Stärke oder Lebendigkeit gequält oder missbraucht haben, sondern weil sie nicht anders konnten, weil sie selber einmal Opfer waren und deshalb an die überlieferten Erziehungsmethoden glaubten."
(Alice Miller: Am Anfang war Erziehung)

Wer bin ich wirklich?

Im Laufe dieses Prozesses wird sich mit Sicherheit auch die Frage stellen: Wer bin ich eigentlich? Bin ich die Person, für die ich mich halte oder die zu sein ich wünsche oder bin ich vielleicht doch eher so, wie andere, die Eltern zum Beispiel, mich sehen und erleben? Selbstbild und Fremdbild sind in den seltensten Fällen kongruent. Viele Beziehungen würden sich einfacher gestalten, wenn unser Selbstbild und das Bild, das andere von uns haben, übereinstimmten. Und dann ist da noch das Wunschbild, das wir von uns haben, unser Ich-Ideal.

Schauen wir uns die unterschiedlichen Bilder etwas genauer an: Ein Selbstbild besteht aus den Erfahrungen mit uns selbst, unseren Stärken und Schwächen, Eigenschaften und Fertigkeiten: „Wie und was bin ich?". Oftmals umfasst es auch unser Idealbild: „Wie und was würde ich gerne sein?" Eine Selbsteinschätzung sollte im Laufe der Jahre immer realistischer werden, aber eben auch bewusster. Auch der eigene Körper und seine Wirkung auf andere bestimmt das Selbstbild und ob wir uns selbst leiden können. Wie verhalten wir uns zum familiären Umfeld und zu unserem sozialen Status? Viele spielen lebenslänglich Theater, oft gleich mehrere Rollen, mit denen sie sich identifizieren, um vor sich und anderen ihr wahres Selbst zu verstecken oder aus Verzweiflung, da sie sich selbst nicht finden können.

Wahrscheinlich wären viele äußerst überrascht, wenn sie wüssten, wie andere sie sehen. Dieses Bild ist fast immer gefärbt, durch Vorurteile oder Klatsch bestimmt. Ein Fremdbild bezeichnet also das Bild, das sich andere von uns machen und uns dementsprechend einschätzen. Es ist selektiv, nimmt also nur einige Einzelheiten von uns wahr. Auch gibt es unendlich viele Fremdbilder: jeder sieht uns ja anders Wir selbst sind daran nicht unschuldig, denn wir geben uns mal charmant und verantwortungsbewusst, mal mütterlich und hilflos etc. Vielleicht werden wir ja so gesehen, vielleicht aber auch nicht. Wie echt oder authentisch sind wir wirklich, und ist die angenommene Rolle wirklich ein Teil unseres Wesens? Manche Vorurteile allerdings bleiben an uns kleben, da können wir uns verhalten wie wir wollen. Der andere projiziert ein Bild auf uns, das er nicht korrigieren will. Fast immer hat diese Sicht weniger mit uns zu tun als mit dem Projizierenden. Total falsch ist allerdings kaum eine Projektion, denn es gibt immer auch einen „Projektionshaken", das heißt, in geringem Umfang gehört die uns zugeschriebene Eigenschaft doch zu unserem Wesen und liegt vielleicht nur in unserem Schatten.

Selbstbild und Wunschbild, aber auch Selbstbild und Fremdbild bestimmen unsere Entwicklung und wie wir mit unserem Umfeld klarkommen. Sind wir mit unserem Selbstbild vertraut und vergleichen dies mit möglichen Fremdbildern, können wir uns nach und nach unserem Wunschbild annähern oder auch erkennen, ob es nur ein Ideal-Bild ist, dem wir nie gerecht werden können.

Wie und durch was hat sich das Selbstbild nun eigentlich gebildet? Erinnern wir uns an die Kindheit, in der wir eine Vorstellung davon entwickelten, wie wir sein wollten. Der Einfluss unserer Eltern ist in den ersten sieben Jahren von besonderer Bedeutung. Hier wird der Grundstein für das Selbstbild gelegt. Man übernimmt die Meinungen der Familienmitglieder, Freunde und Lehrer und ist schließlich der Überzeugung, dass man so ist, wie einen die anderen sehen, und doch ahnt man oft, dass das eigentlich ein übernommenes Fremdbild ist. Auch persönliche Erlebnisse, Erfolge, Dramen fließen in das Bild des Kindes von sich ein. Entweder sind diese Erfahrungen deckungsgleich mit den übernommenen Meinungen des Umfeldes, oder das Kind ist irritiert, weil es sich eben selbst ganz anders erlebt hat, als man ihm glauben machen möchte, dass es sei.

Dieses in der Kindheit geformte Selbstbild bestimmt unsere Identitätsfindung, diesen lebenslangen Prozess, der immer wieder - und Neuorientierung verlangt. Das frühe Selbstbild könnte man mit der *übernommenen* Identität gleichsetzen, da man sich an die Forderungen der Eltern anpasste und sich an deren Maßstäbe und Werte orientierte. Im Laufe der Jahre bis hin zur Gegenwart muss sich unser Selbstbild so wandeln bis wir uns identisch mit uns selbst fühlen – das wäre dann unsere *erarbeitete* Identität. Wir sind also aufgefordert, uns dauernd neu zu erfinden, um ein neues, stimmiges Selbstbild zu finden.

Mir erzählte ein Bekannter folgende kleine Begebenheit, die illustriert, wie sehr übernommene Ansichten uns verfolgen: Als Kind wurde ihm laufend vorgeworfen, er sei zu schüchtern und würde es schwer im Leben haben, weil er sich nicht durchsetzen könne. Er übernahm diese angebliche Schüchternheit als einen unveränderlichen Wesenszug. Als er später einem guten Freund von diesem Problem erzählte, fiel der aus allen Wolken und zeigte ihm glaubwürdig auf, dass er zwar vielleicht introvertiert, aber alles andere als schüchtern sei, was sein Lebensweg eigentlich auch bestätige. Diese Erkenntnis traf ihn wie ein Blitz, und diese ihm angedichtete Eigenschaft löste sich allmählich auf.

Wenn wir uns endlich mit unserem Selbstbild identifizieren und eine eigenständige Persönlichkeit geworden sind, werden uns auch die Fremdbilder kaum mehr etwas anhaben können. Der andere hält mich für faul? Soll er doch, ich weiß, dass ich fleißig bin. Thema beendet! Wir müssen uns nicht rechtfertigen, uns den Überzeugungen anderer anpassen, wir zwingen aber auch keinem unsere Ansichten auf. Wir akzeptieren andere ja auch so wie sie sind, wir müssen sie ja nicht gleich lieben. Doch wir sind selbstbestimmt und üben keine Macht aus. Wozu denn auch? Das führt nur zu Kräfte raubenden Machtspielen. Wenn wir einem niemals zu erreichenden Ich-Ideal hinterjagen, sind wir besonders anfällig für Schmeicheleien. Wir glauben anderen allzu gerne, wie großartig wir sind, sollten aber die Realität im Auge behalten. Bei einer extremeren Form des Ich-Ideals, die wir zum Beispiel bei narzisstisch Verwundeten finden, schafft man sich ein Bild, das weit von der Wirklichkeit entfernt bleibt, dichtet sich Eigenschaften an, die man gar nicht oder nur im geringen Maße besitzt. Dieses angestrebte Ich-Ideal ist ein Hindernis für Wachstum, eine fixe Idee, die jede Unzulänglichkeit leugnet oder verdreht.

Innere Kraftquellen und Widerstandskräfte

Jeder hat zwar seine „Leichen im Keller", aber auch jenes vernachlässigte Potenzial, das zu einer Kraftquelle werden kann. Wenn wir vertraut mit unserem Inneren werden, fällt es uns leichter, daraus Kraft zu schöpfen. Auch die Rückschau auf die glücklichen Momente unseres Lebens bereichert uns. Schon Epikur riet als Mittel gegen die Wehmut, angenehme Erfahrungen aufzuspüren und sie zu speichern, sodass wir sie jederzeit in unser Gedächtnis zurückrufen können.

Unsere Ressourcen sind also in uns und wollen entdeckt werden, gerade dann, wenn unser Potenzial einst unterdrückt, nicht gefördert und somit nicht gelebt wurde. Wenn wir uns an bewältigte Krisen erinnern, dann stellen wir mit Erstaunen fest, welche ungeahnten Kräfte uns zur Verfügung standen. Wir haben aus uns selbst geschöpft, unsere inneren Kraftquellen mobilisiert, von denen wir kaum eine Ahnung hatten. Energien, die wir nutzen können, um Schwierigkeiten zu meistern. Alles ist bereits in uns angelegt, wir müssen „nur" unser unbewusstes Wissen aktivieren, um diese Ressourcen zu nutzen.

Den inneren Kraftquellen verwandt ist die Resilienz. Dieser Begriff umschreibt die Stärke eines Menschen, der es trotz sehr schwieriger Lebensumstände und erschreckender Erfahrungen (Gewalt, Alkohol, Drogen, Armut etc.) schafft, später erfolgreich sein Leben zu gestalten, während ein anderer Nichtresilienter diesem belastenden Geschehen nicht gewachsen ist und in seinem Leben scheitert.

Die Einschätzung, dass resiliente Kinder hart im Nehmen oder zäh seien, hat sich nicht bewahrheitet, sie erbitten eher Hilfe von anderen und geben ihre Schwächen zu. Resiliente Kinder können zwar Phasen von Aggression, Faulheit,

Verantwortungs- und Beziehungslosigkeit haben. Diese aber bestimmen aus geheimnisvollen, manchmal unerklärbaren Gründen nicht ihr Leben. Unterstützend ist stets auch der positive Einfluss von Großeltern, älteren Geschwistern oder anderen wohlwollenden Bezugspersonen und einer Herkunftsfamilie, die trotz Armut keine Bildungsferne zeigte.

Druck und Stress, Hektik und Anspruchsdenken bestimmen immer mehr den Alltag. Wir kommen nicht zur Besinnung, sogar unsere Freizeit gestalten wir so, dass sie schon eher einer Pflichtübung ähnelt. Oder man faulenzt und langweilt sich, weil man mit sich selbst gar nicht umgehen kann. Auch das ist eine Prägung aus der Kindheit, die von Leistungsdenken bestimmt war. So lässt sich keine Kraft schöpfen!

Je stärker wir äußerlich engagiert sind, desto leerer wird unser inneres Erleben, also bemühen wir uns um noch mehr Reize und Kicks. Ein Teufelskreis! Unsere Unersättlichkeit, die uns von uns und unserem eigentlichen Potenzial wegführt, fasste Ayya Khema, eine buddhistische Nonne, so zusammen: *„Der Wunsch, etwas zu bekommen, das wir nicht haben oder etwas loszuwerden, das wir haben, aber nicht haben wollen."* (Ayya Khema: Sei dir selbst eine Insel)

Viele schöpfen aus Meditation und Rückzug Kraft, wobei Meditation nicht nur das klassische, passive stille Sitzen in der entsprechenden Haltung bedeutet, sondern auch die aktive Hingabe beim Malen eines Bildes, Gartengestaltung etc. oder volle Konzentration auf eine andere Tätigkeit. Im Yoga sind lange, ruhig gehaltene Asanas eine meditative Praxis. Viele finden alleine oder in einer gleichgesinnten Gruppe den besten Kontakt zu ihrer Seele, gemeinsames Erleben durch Gespräche mit anderen hat einen immens wohltuenden Einfluss auf uns und unsere seelische und damit körperliche Befindlichkeit. Damit meine ich natürlich weder Diskussionen noch Mitteilungen über die eigenen Aktivitäten noch Smalltalk über

Wetter und Politik, sondern intime vertraute Gespräche mit Freunden, die die gleiche Wellenlänge haben. Keiner ist nämlich ohne Probleme, Sehnsüchte, Ängste, Träume und bittere Erfahrungen, aber wir sprechen nicht darüber, weil wir befürchten, nicht verstanden zu werden. Manchmal wissen wir ganz schnell, dass man sich diesem oder jenem Menschen anvertrauen kann, man spürt es einfach. Ob man sich vertrauensvoll über Schwierigkeiten als Mutter, über Partner- oder berufliche Probleme, Angst vor Krankheiten und die Lieblingsautoren austauscht – wir fühlen uns hinterher meist rundherum bereichert und gestärkt.

Man sollte erspüren und ausprobieren, was für einen ganz persönlich wichtig und hilfreich ist: Musik, Kunst, Literatur, Natur und Meditation. Man kann Ordnung schaffen, sich konzentriert einer Tätigkeit widmen, körperlich entspannen etc. Zur Kunst der Muße gehört es, sich dem Augenblick zu überlassen und nach innen zu lauschen, auf die inneren Stimmen zu horchen: Also zurück zu den Quellen der eigenen Kraft, des Gewahrwerdens der eigenen Tiefe.

Es hilft auch schon, sich einen Ort vorzustellen, wo man sich wohl fühlt oder der real existiert, und den man nun in sich hineinverlegt. Man kann ihn in seiner Phantasie so gestalten wie er einem am wohlsten tut, es mag eine Hütte in den Bergen, ein Turmzimmer, eine Wolke oder Platz unter einem Olivenbaum sein. Wenn man ihn in sich und mit seiner Vorstellungskraft gefunden hat, dann wird man spüren, wie sicher, gut und frei man sich dort fühlt. Man kann sich ein Wesen an seine Seite wünschen, ob Tier, Engel oder einen guten Freund, wodurch man sich beschützt fühlt und sich fallen lassen kann, um zu entspannen, Kraft zu schöpfen und Freude zu empfinden. Diesen Ort gibt es für jeden von uns, und schön ist es, dass wir ihn uns selbst erschaffen können mit Hilfe unserer Imagination.

„*Das Leben besteht aus seltenen einzelnen Momenten von höchster Bedeutsamkeit und unzählig vielen Intervallen, in denen uns besten Falls die Schattenbilder jener Momente umschweben. Die Liebe, der Frühling, jede schöne Melodie, das Gebirge, der Mond, das Meer – alles redet nur einmal ganz zum Herzen: wenn es überhaupt je ganz zu Worte kommt. Denn viele Menschen haben jene Momente gar nicht und sind selber Intervalle und Pausen in der Symphonie des wirklichen Lebens.*" (Friedrich Nietzsche: Menschliches, Allzumenschliches)

Lebenssinn und Lebensthemen

Wenn auf unsere Kindheit viele Schatten fielen, dann versucht man später, durch große Anstrengungen und Leistungen das innere Defizit zu kompensieren. Selten durch unsere Talente und Stärken, sondern durch etwas, das für unseren Vater oder unsere Mutter von Bedeutung war. Es geht dabei immer wieder um Lob und Anerkennung der Eltern, die wir dann manchmal zwar bekamen, aber unseren Hunger nach Anerkennung, der wie an Fass ohne Boden scheint, nur zeitweilig stillt.

Viele können sich an einen oder mehrere bedeutsame Augenblicke in ihrer Kindheit erinnern, als sie das einmalige Erlebnis, das unbedingte Gefühl verspürten und eine innere Stimme hörten, die ihnen sagte: „Das will ich sein, machen, werden." Doch meist wurde man in seiner schwierigen Kindheit durch Umstände und Eltern daran gehindert, das zu verfolgen, was für einen so erstrebenswert war.

Und so schaut man in späteren Jahren resigniert zurück und bedauert, dass aus einem nicht das geworden ist, was man hätte sein können und dass das einzigartige Individuum, von dem man eine hellsichtige Ahnung erhielt, gar nie zur Entfaltung kommen konnte.

Jeder hat Talente, manche sogar eine Mehrfach-Begabung. Wenn wir aber die in uns angelegten Fähigkeiten nicht vertiefen und uns nicht wirklich anstrengen, sie zu einer persönlichen Stärke auszubauen, dann bleibt das vorhandene Potenzial ungenutzt. Durch die herabsetzende Behandlung in der Kindheit sind die meisten jedoch der Überzeugung, dass sie keine besonderen Talente haben (ein bisschen Begabung hier, ein wenig Wissen dort) und finden sich einfach damit ab. Wir sollten genau prüfen, ob das nicht zu Lasten unserer Eltern geht, die uns das Gefühl der Unzulänglichkeit vermittelten. Da wir es damals nicht besser wussten, haben wir deren Herabsetzungen übernommen. Auch wenn man unbedingt Erfolg haben will, bleibt zu prüfen, ob dies nicht auch nur eine frühere Maxime der Eltern war, die ihre Kinder gerne das ausleben lassen, was sie selbst nicht geschafft haben. Doch auch wenn sie selbst erfolgreich waren, erwarten sie, dass die Kinder in die eigenen Fußstapfen treten, ungeachtet deren Wünsche und Talente.

Erfolg bedeutet für jeden etwas anderes, einer strebt nach Reichtum und Berühmtheit, der andere nach Seelenfrieden und einem eigenen Haus im Grünen. Hat er das erreicht, dann ist er in seinen Augen erfolgreich. Das heißt, nur die *für uns* im Leben wichtigen Werte sollten bestimmen, was wir für erfolgreich halten.

Diese Werte sollten ausschlaggebend sein für den Weg, den man einschlagen möchte, wenn man seine Talente und Stärken sucht und ausbauen will. Warum sind so viele Menschen unzufrieden, unglücklich und krank, wo sie doch von Außen gesehen so erfolgreich und mit Talenten gesegnet sind? Vielleicht war es anfangs nur der Wunsch einer Frau, eine Familie zu gründen und ihre Stärken und Begabungen, besonders gut mit Kindern, Tieren, Haus und Garten umzugehen, auszuleben. Durch gewisse Lebensumstände, wie etwa das Drängen der Eltern, denen sie sich auch als Erwachsene noch nicht widersetzen konnte, wurde sie eine erfolgreiche Geschäftsfrau und ist dennoch unzufrieden, weil sie ihre persönlichen Werte und Talente nicht mit ihrem Beruf verbinden konnte.

Als Kinder wissen wir noch nicht, welche Talente wir für welche Ziele einsetzen können, und leider sind unsere Eltern mehr damit beschäftigt, ihre eigenen Vorstellungen von der Entwicklung des Kindes durchzusetzen oder zu behindern.

Durch negative Beeinflussung der Eltern bei der Talentfindung und -ausübung haben wir meistens ein sehr geringes Selbstvertrauen, mangelndes Vertrauen in die eigenen Fähigkeiten und Versagensängste. Auch zu weit gesteckte Ziele oder unrealistische Träume und Vorstellungen („eigentlich möchte, könnte, würde ich…") behindern die Verwirklichung unserer Talente.

Bei einigen sind trotz einer missglückten Kindheit die Lebensthemen recht eindeutig, und es gibt eine klare Linie, die verfolgt wird. Das Lebensziel wird nicht in Frage gestellt, man ist auf dem richtigen Weg und geht ihn mit mehr oder weniger Stolpersteinen. Die Stärken und Ziele sind meistens klar ersichtlich, und die Ausgangsposition wird durch Elternhaus und Umfeld unterstützt.

Wenn man seinen Kindheitsschatten aufarbeitet, sollte man sich seiner persönlichen Berufung, die man einst spürte, wieder erinnern und versuchen, ihr näherzukommen, vielleicht sogar, sie endlich zu realisieren. *„Ich glaube, dass unsere wahre Biographie – dieses in nuce festgeschriebene Schicksal – gestohlen wurde und dass wir uns therapieren lassen, um sie zurückzuerobern."* (James Hillman: Charakter und Bestimmung)

Wer hat unsere wahre Biografie gestohlen, und waren ein wenig auch wir und nicht nur die Eltern daran beteiligt? Vielleicht ist jetzt genau der richtige Zeitpunkt, um uns auf unsere Stärken zu besinnen. Gerade bei Hochsensiblen konnte ich feststellen, dass sie häufig in einen falschen Beruf schlidderten, weil sie von ihrer besonderen Veranlagung nichts wussten. Erst viel später haben sie dann erkannt, wo ihre Stärken liegen. Viele, sehr viele ließen sich dann umschulen und arbeiteten vor allem in helfenden und heilenden Berufen, was ihrem wahren Wesen näher zu kommen scheint.

Meine Frage an Bekannte, die mit eben diesen Zuständen zu kämpfen hatten, lautete meistens: „Was willst Du *wirklich?*". Bei einigen Antworten leuchteten die Augen allein bei der Vorstellung auf, dass man dieses oder jenes in Angriff nehmen könnte. Oftmals aber setzen sie sich zu hohe oder unrealistische Ziele, sodass der ganze Plan von Vornherein schon zum Scheitern verurteilt ist. Oder es handelt sich wieder nur um eine ablenkende Tätigkeit, einen Zeitvertreib, was nicht ihrer Sinnsuche diente. Sinn kann man eben nicht *machen*, er wird eher gefunden, uns geschenkt oder fällt uns als Frucht langer Bemühungen zu.

Aus der griechischen Mythologie ist uns bekannt, dass die Moiren, die Schicksalsgöttinnen, den Faden für jedes Leben spannen, ausmaßen, zuteilten und bei der vorherbestimmten Länge abschnitten. Der Faden stand für das Schicksal des Menschen. Wir sagen ja heute noch umgangssprachlich, dass „das Leben an einem seidenen Faden hängt" oder dass „der Lebensfaden durchgeschnitten wurde". Viel später vielleicht schauen wir zurück und erkennen erstaunt oder ehrfürchtig, dass alles, aber auch alles, was uns im Leben widerfahren ist, seinen Sinn hatte – sogar die schlimme Kindheit, denn wenn die nicht gewesen wäre, hätten wir vielleicht nie unser Leben so intensiv hinterfragt. Die Moiren wussten darum – wir müssen es langsam erlernen.

Ohne schmerzhafte Erfahrungen würden wir uns kaum tiefer gehenden Fragen stellen und somit auch keine Antworten erhalten. Dass manche Antworten uns immer weiter fragen lassen und sich Sinnvolles manchmal andeutet, ist mehr als man im Allgemeinen erwarten kann. Wer im Leben Sinn und innere Erfüllung gefunden hat, wird voller Dankbarkeit und vielleicht auch wieder etwas stolz auf sich sein.

Vertrauen entwickeln

„Zwei Dinge verleihen der Seele am meisten Kraft: Vertrauen auf die Wahrheit und Vertrauen auf sich selbst. " (Seneca*)*

Als wir auf die Welt kamen, besaßen wir noch das so wichtige Ur-Vertrauen, doch dann kam es uns nach und nach abhanden. Warum nur? Mit Enttäuschungen und Verletzungen haben viele Eltern es geschafft, uns zu einem misstrauischen, hoffnungslosen Menschen zu deformieren. Sie haben uns allein gelassen, wenn wir sie brauchten, sie schenkten uns keine ausreichende Liebe und erfüllten unsere Bedürfnisse nicht. Wir wurden kritisiert, geschlagen, vernachlässigt und immer wieder enttäuscht, sodass sich Misstrauen in uns einnistete und unser Leben bestimmte. Wir begegnen nun nicht nur uns selbst, sondern auch anderen Menschen mit Misstrauen und meinen, den Anforderungen, die wir an uns selbst stellen und mit denen uns das Leben und unser Umfeld konfrontieren, nicht gewachsen zu sein.

Wenn unsere Verwundungen aus der Kindheit aufgedeckt und gefühlsmäßig durcharbeitet, also erlebbar gemacht werden, öffnen sich Perspektiven, denen wir zunächst auch misstrauisch begegnen: Aber sie sind wie ein Schimmer der Hoffnung am Horizont unserer Zukunft. Mit dieser zuversichtlichen Haltung, die wir uns von niemandem nehmen und zerreden lassen sollten, ist ein erster Schritt gemacht. Wir sind autonom und nicht mehr Opfer – weder unserer Eltern, noch anderer Menschen. Wir können Verantwortung für uns übernehmen, Probleme lösen und selbst entscheiden, ob wir etwas tun oder lieber lassen.

Je mehr Möglichkeiten uns erreichbar scheinen und eine positive Veränderung vorantreiben, desto stärker wächst unser Vertrauen und umso geringer werden unsere Ängste. Wir lernen wieder, anderen zu vertrauen, und andere beginnen uns zu vertrauen, weil wir ihnen nicht misstrauisch begegnen. Wenn andere Menschen unser Vertrauen missbrauchen, können wir jetzt entscheiden, ob wir uns von ihnen distanzieren oder sie mit Gelassenheit darauf ansprechen. Das war uns in unserer Kindheit durch die Abhängigkeit von unseren Eltern und unserem Umfeld ja nicht möglich.

Zum Schluss noch eine ermutigende und hilfreiche Geschichte, die die Psychologin Hanna Wolff in „Der eigene Weg" schildert. Ihr Patient bezeichnete sich selbst als ein „Wegwerfkind" mit einer trostlosen Kindheit, er besaß nichts, was ihn von innen her hätte tragen können. Sie erzählte ihm von einem Baum in Indien, dessen Äste ganz waagerecht bis zu zwölf Meter lang wachsen. Da seine Äste natürlich leicht brechen können, entwickelt er Luftwurzeln, die von Jahr zu Jahr länger herunterhängen und sich schließlich am Boden festkrallen. Aus diesen Luftwurzeln entstehen im Laufe der Jahre regelrechte Baumstämme.

„Gespannt hörte der Patient zu, als ich ihm klarzumachen versuchte, dass auch ein Mensch vergleichsweise solche Luftwurzeln entwickeln kann. Seine Geburtsgeschichte, so traurig sie auch sein mag, bildet doch im Laufe der Zeit nur ein Lebenselement unter anderen. Viel wichtiger wird allmählich die erlebte eigene Geschichte in ihrem Auf und Ab, wenn der Mensch versucht, nach vorne statt nach rückwärts Orientierung zu finden, um diesen, seinem eigenen Weg treu zu bleiben."

Allen in ihrer Kindheit Verwundeten und Benachteiligten stehen solche archetypischen Kräfte zur Verfügung, die wir beispielsweise in der Symbolik des Baumes finden. Für alle in der Kindheit Entwurzelten könnte dieser indische Baum ein besonderer Trost sein, weil er in der Lage ist, sich wieder mit der Erde zu verbinden und uns die Kräfte zuwachsen zu lassen, die uns später - trotz allem - das finden lassen, was wir nie gehabt haben. Das ist das Geheimnis dieses Baumes, es könnte das unsere werden. Und wer weiß, vielleicht erschließt sich uns ja die uralte Frage: „Wo komme ich her, warum bin ich hier, wo gehe ich hin"?

„Wenn Du am Morgen erwachst, denke daran, was für ein köstlicher Schatz es ist, zu leben, zu atmen und sich freuen zu können."
(Marc Aurel)

Weitere Bücher der Autorin:

Kindheitserfahrungen im Horoskop – Sich die Schatten der Kindheit bewusst machen und aufarbeiten
Chiron-Verlag, Juni 2009

Krisen im Horoskop erkennen – Wie wir sie verstehen und überwinden
Chiron-Verlag, November 2010

Hochsensibilität im Horoskop – Wie wir sie erkennen und verstehen
Chiron-Verlag, August 2012

Wenn die Kindheit Schatten wirft...: Beziehungen . Hochsensibilität . Narzissmus
Kindle Edition, Mai 2014

Über die Autorin

Während ihres psychologischen Werdegangs entdeckt Barbara Egert ihre besondere Sympathie für C.G. Jung, dessen Weltsicht Schwerpunkt und Grundlage ihrer Arbeit wird.

In Beratungsgesprächen mit Klienten erlebt sie Einfluss und Prägung schwieriger Kindheiten und erkennt, dass es nicht die Zeit ist, die alle Wunden heilt, sondern Probleme eher durch gemeinsame Aufarbeitung der leidvollen Erfahrungen gelöst werden.

Kindheitsschatten prägen lebenslänglich, man ist Gefangener seiner frühesten Erfahrungen, die Leben und Beziehungen fatal beeinflussen. Besonders Hochsensible leiden unter dem Unverständnis ihrer Eltern. Aufarbeitung ist aber durch Bewusstwerdung möglich.